METROPOLIET KALLISTOS VAN DIOKLEIA

DE ORTHODOXE WEG

Uitgeverij Orthodox Logos

Oorspronkelijke titel:
The Orthodox Way by Archimandrite Kallistos Ware

Nederlandse vertaling door:
Goedroen Derave-Debroey en Romain Verbeke

Eerste Druk:
© 1982 De Weg van Christus, Uitgeverij Tabor, Brugge en Romain Verbeke, Orthodoxe Parochie Heilige Andreas, Gent, België

Herziene en bewerkte vertaling - Tweede Druk:
© 2012, De Orthodoxe Weg, Uitgeverij Orthodox Logos, Nederland

© 2012, Uitgeverij Orthodox Logos, Nederland

ISBN: 978-9-08187-184-6

Niets uit deze uitgave mag worden verveelvoudigd en/of openbaar gemaakt door middel van druk, fotokopie, microfilm of op welke andere wijze ook zonder voorafgaande schriftelijke toestemming van de uitgever.

WOORD VOORAF BIJ DE EERSTE EDITIE

Het boek van Archimandriet Kallistos Ware handelt over de doctrine of de leer en over de spiritualiteit van de Orthodoxe Kerk.

Dankzij de helderheid van zijn uiteenzetting, slaagde Vader Kallistos erin een brede kring van lezers te boeien, wat ongetwijfeld ook voor de Nederlandse vertaling het geval zal zijn.

Theologie die slechts bestaat uit een abstract conceptueel systeem, los van de spirituele ervaring van het kerkelijk leven en die enkel geschikt is voor discussie tussen vakmensen, verkreeg in de Orthodoxie nooit de ereplaats.

Daarentegen wel de theologie die als wetenschappelijke formulering of verwoording van het dogmatisch fundament van het geloof, nauw verbonden is met de ecclesiaal beleefde Liturgie en de spirituele ervaring, en daardoor iedere gelovige aanspreekt.

Het boek handelt derhalve niet alleen over de leer maar tevens over het leven van de Kerk en van de Christenen, die allen samen rondom de bisschop, in de eucharistische bijeenkomst de volheid van de Kerk uitmaken.

Treffend, maar precies kenmerkend voor de Orthodoxie, is de alles overheersende plaats die de Heilige Drieeenheid: de Vader, de Zoon en de Heilige Geest, inneemt, niet enkel in de doctrine maar ook in het leven van de Orthodoxe Christen.

In het voetspoor van de Kerkvaders, is het voor de Orthodoxe Christen ondenkbaar te spreken over de *Ene God*, wanneer niet eerst wordt gesproken over de *God Die communio is,* d.i. de Heilige Drie-eenheid.

De Heilige Drie-eenheid is een ontologisch primordiaal begrip; het is een begrip dat niet aan de goddelijke essentie wordt toegevoegd of dat er op volgt.

Geschapen naar het beeld en de gelijkenis van hun Schepper en God, zijn de gelovigen als leden van de eucharistische gemeenschap, ledematen van het Lichaam van Christus dat door de Geest *geconstitueerd* wordt en dus de Kerk zelf is en waardoor de gelovigen samen de Kerk worden. Dit alles culmineert in de Goddelijke Liturgie en meer bepaald bij de *Eucharistische Anamnese* (het memoriaal) - herdenking van het historisch en tevens mystieke Avondmaal - en bij de *Epiclese,* wanneer de Heilige Geest neerdaalt over de bijeenkomst van gelovigen en over de Eucharistische Gaven, waardoor de herdenking van het Laatste Avondmaal, het mystiek Avondmaal van de Heer, wordt gemaakt tot *Eucharistie,* d.w.z. tot een eschatologische gemeenschap, een manifestatie van de "eschata" in de geschiedenis.

Zo daalde de Geest ook neer over de Maagd Maria bij de Incarnatie, en onder de gedaante van een duif over Jezus bij de Doop in de Jordaan, en als een wolk van licht over Christus bij de Transfiguratie. Dit alles betekent dat het historisch gebeuren, dat wij het *Christusgebeuren* noemen, eveneens door de Geest *geconstitueerd* wordt. In de Bijbel wordt Christus slechts een historische persoon in de Geest (Mat. 1,18-20; Luc. 1,35). Christus bestaat pneumatologisch zowel in Zijn eigenheid als afzonderlijk Persoon, als in Zijn mogelijkheid om Lichaam van de Kerk te zijn en de recapitulatie van alles. Het Pinkstergebeuren manifesteert dit duidelijk.

Na Pinksteren gaat de Geest, de Trooster, die neerdaalt over ieder van ons, verder de eucharistische bijeenkomst van de gedoopten tot Lichaam van de Verrezen Heer, tot Kerk te maken en Hij brengt ons op de WEG van het Leven-in-Christus.

"Kom en verblijf in ons ..." zo bidden wij in het gebed tot de Heilige Geest: "Koning van de Hemel", waarmee elke gelovige het morgengebed begint en dat door de priester wordt gebeden onmiddellijk vóór de aanvang van de Goddelijke Liturgie.

Centraal in het leven van de Orthodoxe Christen staat het deelnemen aan of juister het medecelebreren van de Liturgie en het ontvangen van de Sacramenten, maar daarnaast en evenzeer het voortdurend gebed waarbij men allereerst denkt aan het Jezusgebed; ook dit is "de plaats of het moment van alle charismata" zoals een bekend Frans Orthodox theoloog ergens schreef.

Liturgie en gebed moeten echter gesteund zijn op de *rechte* leer, de leer van de Kerk. In het boek van Vader Kallistos komt dit zeer sterk tot uitdrukking.

Enerzijds behandelt hij in de opeenvolgende hoofdstukken alle belangrijke doctrinaire thema's, zoals de onbekende God die toch geopenbaard is, de goddelijke essentie tegenover de goddelijke energieën, de aard van onze verlossing, de *logoi* van alle dingen in verband met de goddelijke *Logos*, de gevallen toestand die toch geen obligate erfschuld inhoudt, de mens als microkosmos, het probleem van het kwaad, de dood en wat de dood overstijgt.

Anderzijds wordt elke leerstellige uiteenzetting voorafgegaan, begeleid en gevolgd door citaten van theologen en geestelijke Vaders, evenals door liturgische en andere gebeden alsook door Bijbelteksten.

Wanneer men dit boek leest, *leert* en *bidt* men tegelijk.

De leer, het liturgisch- en het gebedsleven zijn, naar Orthodoxe Traditie, met elkaar verweven en onverbreekbaar als totale beleving met elkaar verbonden.

De leer en meer bepaald de *rechte*, de *ortho-doxe* leer, het *vaste geloof* in de *ware leer* van de Kerk waartoe men wil behoren, geeft inhoud en gestalte aan het hele Christelijke leven. De ware leer is het fundament waarop alles is gegrondvest: de Liturgie, de Sacramenten, de spiritualiteit, het gebed etc.

Er is geen eucharistische communio mogelijk zonder communio in de volheid van het geloof.

Terecht mag het boek van Vader Kallistos een moderne, Orthodoxe Katechismus worden genoemd en wel in de volle betekenis van het woord: onderricht in de Christelijke leer en opvoeding tot het Christelijk leven. Velen van hen die het boek ter hand nemen, zullen het lezen en herlezen.

Moge de rijke inhoud van het werk van Vader Kallistos voor onze Nederlandstalige Orthodoxe broeders en zusters en voor alle andere Christenen, een steun zijn bij het voortschrijden op de "WEG VAN CHRISTUS".

Moge de Heer dit werk zegenen en moge het zaad in goede aarde vallen, Hem ter Ere.

Dank aan mevrouw Goedroen Derave-Debroey die de grondvertaling maakte en dank aan de heer Joris Dedeurwaarder, taalraadsman bij de Vlaamse Raad te Brussel, die de gehele tekst heeft doorgenomen.

In zoverre deze niet in het Nederlands beschikbaar waren, werden citaten van Vaders e.a. uit het Engels vertaald.

Alle Liturgische teksten werden met dank overgenomen uit de Liturgische boeken, uitgegeven door het klooster Sint Jan de Doper in Den Haag.

De Uitspraken van de Woestijnvaders werden overgenomen uit de «Vaderspreuken», uitgegeven door de Zusters Benedictinessen van de abdij te Bonheiden; ook daarvoor onze oprechte dank.

De geciteerde Bijbelteksten zijn ontleend aan de Willibrord-vertaling.

In de rubriek «Auteurs en Bronnen» werden alle gegevens uit het Engelse werk overgenomen; daaraan werden de overeenstemmende of belangrijke werken in het Frans toegevoegd evenals de bestaande Nederlandstalige. Lezers die over een of ander werk nadere toelichting wensen, kunnen zich richten tot de uitgever of tot onderstaand adres.

Feest van de Heilige Apostel Andreas
30 november 1981
Romain Verbeke
Orthodoxe Parochie H. Andreas
Sophie van Ackenstraat, 56
B-9000-GENT

WOORD VOORAF BIJ DE HERUITGAVE DOOR

" Uitgeverij Orthodox Logos "

Uitgeverij Orthodox Logos dankt Metropoliet Kallistos van Diokleia voor de rechten van de de heruitgave van "De Weg van Christus ".

De uitgeverij dankt ook de parochie van de H. Andreas van Gent en de nabestaanden van de heer Romain Verbeke voor het gebruik van de Nederlandse vertaling.

Uitgeverij "Stichting Orthodox Logos" hoopt met de heruitgave van dit werk aan velen een diakonia te verlenen, nadat, dit boek meer dan twee decennia niet meer beschikbaar was.

Dank ook aan de velen die hebben meegewerkt aan de totstandkoming van deze editie.

Uitgeverij:
"Stichting Orthodox Logos "

PROLOOG

AANWIJZINGEN LANGS DE WEG

Ik ben de Weg, de Waarheid en het Leven.

Johannes 14,6

De Kerk biedt ons geen werkplan aan, maar een sleutel; niet de plattegrond van de stad Gods, maar wel de middelen om er binnen te treden. Misschien zal iemand het spoor bijster raken omdat hij geen kaart heeft. Maar alles wat hij zal zien, zal hij zien zonder tussenkomst van anderen, zal hij rechtstreeks zien, het zal werkelijkheid voor hem zijn; diegene echter die alleen het plan heeft bestudeerd, loopt het gevaar buiten te blijven staan en in feite niets te hebben gevonden.

V. Georges Florovsky

Een van de meest gekende Woestijnvaders uit het Egypte van de vierde eeuw, de H. Sarapion de Sindoniet, ging eens op pelgrimstocht naar Rome. Daar hoorde hij vertellen over een beroemde kluizenaarster die in een kleine kamer leefde waar ze nooit buiten kwam. Sarapion, die zelf een echte zwerver was en sceptisch stond tegenover die manier van leven, ging haar opzoeken en vroeg haar: "Waarom zit je altijd hier binnen?" De kluizenaarster antwoordde: "Ik zit hier niet, ik ben op reis".

Ik *zit hier niet, ik ben op reis.* Iedere Christen kan die woorden op zichzelf toepassen. Christen zijn betekent: onderweg zijn. De Griekse Vaders vergelijken onze situatie met die van de Israëlieten in de woestijn van Sinaï: we leven in tenten, niet in huizen, want geestelijk zijn we altijd onderweg. We zijn op reis doorheen de innerlijke ruimte van het hart. Die tocht wordt niet gemeten in uren of dagen, want het is een reis van de tijd naar de eeuwigheid.

Een van de oudste benamingen van het Christendom is eenvoudig: "de Weg". "In die tijd", staat er in de Handelingen van de Apostelen, "werd de Weg aanleiding tot grote opschudding" (19,23). Felix, de Romeinse gouverneur van Caesarea, «was volkomen op de hoogte van alles wat de Weg betrof» (24,22). Deze benaming beklemtoont het praktische karakter van het christelijke geloof. Het Christendom is méér dan een leer over het heelal, méér dan geschreven voorschriften. Het is een weg waarlangs wij reizen, het is in zijn rijkste en diepste betekenis de *weg van het leven*.

Er bestaat slechts één manier om de ware aard van het Christendom te ontdekken. We moeten ons op die weg begeven, onszelf overgeven aan die manier van leven en dan zullen we *het zelf ervaren*. Zolang we erbuiten blijven, kunnen we het niet echt begrijpen. Natuurlijk hebben we richtlijnen nodig voor we ons op weg begeven; we moeten weten welke aanwijzingen we moeten volgen en we hebben behoefte aan reisgenoten. Zonder begeleiding van anderen kunnen we de reis onmogelijk aanvangen. Maar de inlichtingen die anderen ons verstrekken kunnen ons toch geen juist beeld geven van de weg en zij kunnen zeker onze directe, persoonlijke ervaring niet vervangen. Iedereen moet zelf nagaan of hetgeen hij geleerd heeft, juist is; hij moet van de Traditie die hij ontvangen heeft een nieuwe en persoonlijke beleving maken. Metropoliet Filaret van Moskou zegt: "De Geloofsbelijdenis bezit je slechts, wanneer je die beleefd hebt". Niemand kan deze zo belangrijke reis maken vanuit zijn leunstoel. Niemand kan een tweedehands Christen zijn. God heeft kinderen maar geen kleinkinderen.

Als Christen van de Orthodoxe Kerk wens ik bijzonder de nadruk te leggen op het *persoonlijk beleven*. Voor veel mensen uit het Westen van de twintigste eeuw is het meest opmerkelijke van de Orthodoxe Kerk haar oud en conservatief karakter; het lijkt alsof de boodschap van de Orthodoxen aan hun westerse broeders vooral is: "Wij zijn jullie verleden." Voor de Orthoxen zelf echter betekent trouw aan de Traditie niet zozeer het aanvaarden van formules of gewoonten van voorbije generaties, maar eerder het altijd-nieuwe, persoonlijke en directe ervaren van de Heilige Geest *in het heden,* hier en nu.

In zijn beschrijving van het bezoek aan een dorpskerk in Griekenland, beklemtoont John Betjeman niet alleen het element van ouderdom, maar hij beklemtoont nog iets meer:

... Het gewelfde interieur slokt de dag op.
Een kaars aansteken betekent hier gebed.
In het licht van die kaars bekijken de plaatselijke Heiligen
onverstoorbaar het relaas van hun martelaarschap
dat op de muren geschilderd is
en waarop het stille gefilterde daglicht valt.
De kaarsvlam toont de gebarsten verf
groen en blauw,
en rood en goud, met de kale plekken in het hout
van veelvuldig gekuste Iconen, die misschien
Uit de veertiende eeuw dateren...
Zo groeit krachtig de oude boom,
gesnoeid door vervolging, besproeid met bloed,
zijn levende wortels diep in voor-Christelijke grond.
Hij heeft geen bureaucratische bescherming nodig,
Hij is zijn eigen voortdurende verrijzenis...

Betjeman vestigt hier de aandacht op heel wat elementen

die kostbaar zijn voor een Orthodox: de waarde van symbolische gebaren zoals het aansteken van een kaars; de rol van Iconen die van een dorpskerk een stukje «hemel op aarde» maken; de uitnemende betekenis van het martelaarschap in de Orthodoxe ervaring - onder de Turken sinds 1453, onder de Communisten sinds 1917. De Orthodoxie is in deze moderne wereld inderdaad een "oude boom". Maar behalve oud is hij ook levend, een "steeds opnieuw verrijzen", en het is dáárom dat het gaat en niet louter om de ouderdom. Christus zei niet: "Ik ben een gewoonte"; Hij zei: "Ik ben het Leven".

De bedoeling van dit boek is de diepste wortels van dit "steeds opnieuw verrijzen" bloot te leggen. Het duidt enige van de meest beslissende wegwijzers en mijlpalen aan van de geestelijke Weg. Het ligt niet in mijn bedoeling de geschiedenis of de huidige toestand van de Orthodoxe Wereld te schetsen. Informatie hieromtrent vindt men in mijn vroegere boek *"The Orthodox Church"* (Penguin Books), het eerst verschenen in 1963; (verscheen ook in het Frans: "L'*Orthodoxie, l'Eglise des sept Conciles*", DDB., 1968); overigens heb ik gepoogd, in de mate van het mogelijke, niet te herhalen wat daar werd gezegd.

Mijn bedoeling is hier beknopt de fundamentele leer van de Orthodoxe Kerk te schetsen; hierbij benader ik het geloof als een manier van leven en een wijze van bidden. Net zoals Tolstoï een van zijn korte verhalen als titel gaf "Waarvan mensen leven", zo zou dit boek kunnen heten "Waarvan Orthodoxe Christenen leven." In een vroeger en meer op het formele ingesteld tijdperk had dit boek misschien de vorm aangenomen van een "Katechismus voor volwassenen", met vragen en ant-woorden. Ik heb echter niet gestreefd naar volledigheid. Ik spreek zeer weinig over de Kerk en haar "conciliair" karakter, over de gemeenschap van de Heiligen, de Sacramenten, de betekenis van de Liturgische Eredienst; misschien zal dat alles stof opleveren voor een volgend boek. Hoewel ik af en toe spreek over andere Christelijke gemeenschappen, wil ik toch niet systematisch gaan vergelijken. Ik probeer in positieve zin te schrijven over het geloof dat ik als Orthodox beleef, eerder dan na te gaan op welke gebieden we al dan niet overeenkomen met het Rooms-Katholicisme of het Protestantisme.

Om de stem van andere en betere getuigen dan ikzelf te laten horen, heb ik veel citaten ingelast, vooral aan het begin en het einde van ieder hoofdstuk. Achteraan in het boek vindt men korte notities over de aangehaalde schrijvers en bronnen. De meeste citaten komen uit de Orthodoxe Liturgische boeken die wij in onze dagelijkse Liturgie gebruiken of ook uit wat wij de Vaders noemen: schrijvers uit de eerste acht eeuwen van het Christendom maar soms ook van recentere datum; immers een auteur uit onze eigen tijd kan ook een "Vader" zijn. Deze citaten zijn de woorden die mij persoonlijk als aanwijzingen het best hebben geleid bij mijn eigen zoeken naar de Weg, hoewel ik ook bij veel andere schrijvers, die hier niet met name worden genoemd, inspiratie geput heb.

O Heer, Gij die met Lucas en Cleopas naar Emmaus gereisd zijt, vergezel uw dienaars nu zij zich op weg begeven, en beveilig hen tegen alle onheil.
(Gebed bij het begin van een reis)

Feest van de Heilige Apostel en Evangelist Johannes de Theoloog

26 september 1978

ARCHIMANDRIET KALLISTOS

HOOFDSTUK I

GOD ALS MYSTERIE

Onbekend en toch goed gekend.

2 Kor. 6,9.

Wij kunnen God niet vatten met onze geest. Indien wij Hem konden vatten dan zou Hij geen God zijn.

Evagrius van Pontus

Eens brachten ouderlingen abt Antonius een bezoek, toen abt Jozef bij hem zat. De grijsaard wilde hen op de proef stellen. Hij legde hen een woord uit de Schrift voor en ving bij de jongeren aan te vragen wat dat woord betekende. En elkeen sprak naar best vermogen. Maar de grijsaard zei tegen ieder: "U hebt het nog niet gevonden." En na allen sprak hij ten laatste tot abt Jozef "U, hoe verklaart u dat woord?" En hij antwoordde: "Ik weet het niet" Daarop zei abt Antonius: "Juist, abt Jozef heeft de weg gevonden, want hij zei: ik weet het niet".

Vaderspreuken

Zoals een vriend spreekt tot zijn vriend, zo spreekt de mens tot God en vertrouwensvol nadert hij het aanschijn van Hem die vertoeft in een onbereikbaar licht.

H. Symeon de Nieuwe Theoloog.

Het Anders-zijn en toch Nabij-zijn van de Eeuwige

Wat of Wie is God?

   Hoe verder de reiziger vordert op de Weg van de spiritualiteit, hoe meer hij zich bewust wordt van twee tegenstrijdige dingen: het *anderszijn* en het *toch nabij-zijn* van de Eeuwige. In de eerste plaats realiseert hij zich steeds meer dat God Mysterie is. God is "de totaal Andere", onzichtbaar, onvatbaar, absoluut transcendent, elke beschrijving en alle begrip te boven gaand. De Rooms-Katholiek George Tyrrell schrijft:

"Een pasgeboren baby weet evenveel over de wereld en haar problemen als de verstandigste onder ons kan weten over de wegen van God, Wiens heerschappij zich uitstrekt over hemel en aarde, over tijd en eeuwigheid." Een Orthodoxe Christen kan daar volledig mee instemmen. De Griekse Vaders zegden met nadruk: "Een God Die men kan begrijpen, is geen God". Dat wil zeggen: een God die we met ons verstand volledig beweren te begrijpen is niet meer dan een afgod die we door eigen verbeelding geschapen hebben. Zo een "God" is zeker *niet* de ware, levende God van de Bijbel en van de Kerk. De mens is geschapen naar het beeld van God, maar het omgekeerde is niet waar.

Toch is deze God van mysterie tegelijk uitzonderlijk dicht bij ons; Hij vervult met Zijn aanwezigheid alles rondom ons en in ons. En deze aanwezigheid is niet enkel als een atmosfeer of als een naamloze kracht, maar zij is een persoonlijk gegeven. De God die ons begrip oneindig ver te boven gaat, openbaart zich aan ons als *Persoon:* hij noemt elk van ons bij zijn naam en wij geven Hem antwoord. Tussen ons en de transcendente God bestaat er een *liefdesrelatie,* gelijk aan de relatie tussen ieder van ons en aan die welke wij beleven met mensen die ons zeer dierbaar zijn. Wij kennen andere mensen door onze liefde voor hen en door hun liefde voor ons. Zo is het ook met God. Volgens de uitdrukking van Nicolas Cabasilas is God onze Koning:

hartelijker dan gelijk welke vriend,
rechtvaardiger dan gelijk welke vorst,
liefdevoller dan gelijk welke vader,
meer een deel van ons dan onze eigen ledematen,
meer noodzakelijk voor ons dan ons eigen hart.

Dit zijn dus de twee "polen" bij het menselijk ervaren van het Goddelijke: God is tegelijk verder van ons af en dichter bij ons dan om het even wat. En hoe tegenstrijdig het ook klinkt, deze twee polen heffen elkaar niet op, integendeel: hoe meer we door één "pool" aangetrokken worden, hoe intenser we ons bewust worden van de andere. Vorderend op de Weg, stelt iedereen vast dat God ons meer en meer vertrouwd wordt en tegelijk meer en meer van ons verwijderd blijft; we kennen Hem goed en toch weer niet - het kleinste kind kent Hem, de meest briljante theoloog niet. God bevindt zich in een "ongenaakbaar licht" en toch verblijft de mens vol vertrouwen in Zijn aanwezigheid en spreekt Hem aan als een Vriend. God is tegelijk begin en eindpunt. Hij is de Gastheer die ons verwelkomt bij het einde van de reis, maar Hij is ook de Gezel die meewandelt aan onze zijde bij elke stap op de Weg. Nicolas Cabasilas formuleert het zo: "Hij is zowel de Herberg waar wij een nacht uitrusten als het Einddoel van onze reis."

Mysterie en toch een Persoon: laten wij die twee aspecten eens afzonderlijk bekijken.

God als Mysterie

Als we niet op weg gaan met een gevoel van ontzag en verbazing, - met wat vaak genoemd wordt: een gevoel voor het numineuze - zullen we niet erg vorderen op de Weg. Toen Samuel Palmer voor het eerst op bezoek kwam bij William Blake, vroeg de oude man hem hoe hij tewerk ging bij het schilderen. "Met angst en beven", antwoordde Palmer. "Dan zul je het ver brengen", zei Blake.

De Griekse Vaders vergelijken de ontmoeting van de mens met God met de ervaring van iemand die in de mist over de bergen wandelt: hij zet een stap vooruit en stelt plotseling vast dat er geen grond meer is onder zijn voeten maar slechts een bodemloze diepte. Ook gebruiken ze het beeld van een man die zich 's nachts in een donkere kamer bevindt: hij opent een vensterluik en wordt verblind door een plotselinge bliksemschicht die hem wankelend achteruit doet wijken. Hetzelfde effect ervaren wij wanneer wij oog in oog komen te staan met het levende mysterie van God: een duizeling overvalt ons; al de vertrouwde houvasten vallen weg en we kunnen ons nergens aan vastgrijpen; ons innerlijk oog is verblind, al onze gewone opvattingen worden in de war gebracht.

De Vaders nemen ook de twee oudtestamentische figuren Abraham en Moses als symbolen van de geestelijke Weg. Abraham die nog in zijn voorvaderlijk huis woont in Ur, het land van de Chaldeeën, ontvangt van God deze boodschap: "Trek weg uit uw land, uw stam en uw familie, naar het land dat ik u aan zal wijzen" (Gen. 12,1). Gevolg gevend aan de goddelijke oproep, rukt hij zich los uit zijn vertrouwde omgeving en waagt zich in het onbekende, zonder dat hij een duidelijk beeld heeft van zijn uiteindelijke bestemming. Hij ontvangt gewoonweg een bevel.

"Trek weg…" en hij gehoorzaamt in geloof. Moses ontvangt achtereenvolgens drie openbaringen van God: eerst ziet hij God als een visioen van licht in de Brandende Doornstruik (Ex.3,2); vervolgens wordt God hem geopenbaard in een mengeling van licht en duisternis "in een wolkkolom … in een vuurzuil" die het volk van Israël vergezelt door de woestijn (Ex. 13,21); en tenslotte ontmoet hij de "onzichtbare" God wanneer hij met Hem spreekt in de "donkere wolk" op de top van de berg Sinaï (Ex.20,21).

Abraham trekt van zijn vertrouwde huis naar een onbekend land; Moses gaat van het licht naar de duisternis. Zo is het ook voor elk van ons die de Weg van de spiritualiteit bewandelt. We vertrekken van het gekende naar het onbekende, van het licht naar de duisternis. We gaan niet alleen van de duisternis van de onwetendheid naar het licht van de kennis, maar we gaan van het licht van een gedeeltelijk kennen naar een veel breder kennen dat zo diep reikt dat we het alleen kunnen omschrijven als de 'duisternis van het niet-weten". Zoals Socrates beginnen we ons te realiseren hoe weinig we begrijpen. We zien dat het niet de taak is van het Christendom ons op elke vraag een eenvoudig antwoord te verschaffen, maar ons steeds meer bewust te maken van een mysterie. God is niet zozeer het onderwerp van onze kennis als wel de oorzaak van onze verwondering. Psalm 8,1 citerend "Heer, onze Heer, hoe wonderbaar is Uw Naam over heel de aarde", zegt de heilige Gregorius van Nyssa: "Gods Naam is niet gekend; hij wekt verbazing".

Wanneer wij erkennen dat God onvergelijkelijk veel groter is dan alles wat wij over Hem kunnen zeggen of denken, dan komt het ons als noodzakelijk voor, wanneer wij het over Hem hebben, dit niet enkel te doen door directe uitspraken maar ook door voorstellingen en beelden. Onze theologie is voor een groot deel *symbolisch*. Toch volstaan symbolen alleen niet om de transcendentie en het "anders-zijn" van God uit te drukken. Om het *mysterium tremendum* aan te duiden moeten we zowel negatieve als positieve uitspraken doen, om te zeggen wat God *niet* is eerder dan wat Hij wel is. Zonder deze manier van ontkennen – wat de apophatische benadering genoemd wordt – is al wat wij over God zeggen zeer misleidend. Alles wat we omtrent God bevestigen blijft, hoe juist ook, ver beneden de levende waarheid. Als we zeggen dat Hij goed of rechtvaardig is, dan moeten we er onmiddellijk aan toevoegen dat Zijn goedheid of rechtvaardigheid niet kunnen worden gemeten met onze menselijke maatstaven. Als we zeggen dat Hij bestaat, dan moeten we dit onmiddellijk nader bepalen door te zeggen dat Hij niet zomaar een bestaand Wezen is onder vele andere, maar dat in Zijn geval het woord "bestaan" een unieke betekenis heeft. Zo houden affirmatie en negatie elkaar in evenwicht. Zoals Kardinaal Newman zegt, zijn wij voortdurend bezig "te bevestigen en te ontkennen om tot een positief resultaat te komen." Als we een uitspraak doen over God moeten we erbij voegen: deze bewering is niet onjuist, maar geen woorden zijn in staat de volheid van de transcendente God weer te geven.

Zo blijkt de Weg van de spiritualiteit een echte boetetocht in de meest radicale zin. *Metanoia,* het Griekse woord voor berouw, betekent letterlijk "verandering van geest en gemoed." Wanneer we ons tot God keren, moeten we onze geest veranderen, onze gewone manier van denken afleggen. Niet alleen onze wil maar ook ons verstand moet bekeerd worden. We moeten ons innerlijk perspectief omkeren, de piramide op haar kop zetten.

Dan merken we dat de "dichte duisternis" waarin we met Moses zijn binnengetreden, een verlichte of verblindende duisternis wordt. De apo-phatische weg van "niet-weten" brengt ons geenszins naar een leegte maar wel naar de volheid. Onze negaties zijn in feite zeer duidelijk affirmaties. Hoewel schijnbaar vernietigend, is de apophatische benadering uiteindelijk zeer positief: zij helpt ons, over positieve of negatieve beweringen, taal of gedachten heen, uit te reiken naar een onmiddellijk ervaren van de levende God.

Dit ligt inderdaad precies vervat in het woord "mysterie". In eigenlijke religieuze zin betekent het woord "mysterie" niet alleen verborgenheid maar ook ontsluiting. Het Griekse substantief *mysterion* is verbonden met het werkwoord *myein* dat betekent "ogen of mond sluiten". In bepaalde heidense mysteriegodsdiensten gebeurde de initiatie door de persoon eerst geblinddoekt door een doolhof van gangen te leiden; dan wordt de blinddoek plotseling weggetrokken en hij ziet rondom zich de geheime emblemen van de cultus. In de christelijke zin zien wij het "mysterie" niet alleen als iets onthutsends of geheimzinnigs, een raadsel of een onoplosbaar probleem, maar integendeel als iets dat *onthuld* wordt maar dat we nooit *volledig* zullen begrijpen, omdat het ons voert tot in de diepte of de duisternis van God. De ogen zijn gesloten maar ook geopend.

Als we dus spreken over God als Mysterie, komen we tevens bij onze tweede "pool": God is voor ons verborgen maar Hij wordt ons ook geopenbaard en wel als een Persoon en als Liefde.

Geloven in God als Persoon

In de Geloofsbelijdenis zeggen we niet: "Ik geloof dat er een God bestaat", maar wel: "Ik geloof in één God". Tussen geloven *dat* en geloven *in* bestaat er een wezenlijk onderscheid. Ik kan geloven *dat* iets of iemand bestaat zonder dat dit geloof enige invloed heeft op mijn leven. Ik kan de telefoongids van Maaseik openslaan en de namen lezen die erin voorkomen; en terwijl ik lees ben ik bereid te geloven dat de meeste van die mensen inderdaad bestaan, maar ik ken niemand van hen persoonlijk. Ik ben zelfs nooit in Maaseik geweest en het feit dat die mensen bestaan laat mij dus eigenlijk koud. Als ik echter tot een dierbare vriend zeg "Ik *geloof in jou*", dan doe ik veel meer dan zeggen dat ik geloof dat deze persoon bestaat. "Ik geloof in jou" betekent: ik wend mij tot jou, ik verlaat mij op jou, ik stel in jou mijn volste vertrouwen, ik hoop op jou. En dat is nu juist wat wij tot God zeggen in de Geloofsbelijdenis.

Geloven in God is dus iets totaal anders dan de logische zekerheid die wij verkrijgen in de meetkunde van Euclides. God is niet het resultaat van een redenering, niet de oplossing van een wiskundig vraagstuk. In God geloven betekent niet de mogelijkheid van zijn bestaan aanvaarden omdat een of ander theoretisch argument het ons "bewezen" heeft, maar het betekent dat wij ons vertrouwen stellen in Iemand die wij kennen en liefhebben. Geloof is niet de veronderstelling dat iets zou kunnen waar zijn, maar de verzekering dat Iemand daar is.

Omdat geloof geen logische zekerheid is maar een persoonlijke relatie die vooralsnog zeer onvolledig is in ieder van ons en steeds verder moet groeien, is het absoluut niet ondenkbaar dat geloof samengaat met twijfel. Deze twee sluiten elkaar niet uit. Er zijn misschien mensen die, dank zij Gods genade, heel hun leven het geloof van een kind behouden waardoor zij alles wat zij geleerd hebben zonder problemen aanvaarden. Maar voor de meeste westerlingen van vandaag is een dergelijke houding gewoon onmogelijk. Wij herkennen onszelf in de uitroep van Marcus: "Ik geloof, kom mijn ongeloof te hulp!" (Marc. 9,24). De meesten van ons zullen dit gebed moeten blijven herhalen tot aan hun dood. Toch is twijfel op zichzelf geen teken van gebrek aan geloof. Het kan een bewijs zijn van het tegenovergestelde n.l. dat ons geloof leeft en groeit. Want geloof betekent geen zelfvoldaanheid, maar een risico durven nemen, geen zich afsluiten voor het onbekende, maar het dapper tegemoet durven treden. De Orthodoxe Christen kan het op dit punt volmondig eens zijn met de woorden van Bisschop J.A.T. Robinson: "De geloofsdaad is een bestendige dialoog met de twijfel". Thomas Merton zegt terecht: "Geloof is eerst een kwestie van vragen en strijd en daarna pas een kwestie van zekerheid en vrede."

Geloof veronderstelt dus een persoonlijke relatie met God; die relatie is nog onvolledig en wankelbaar maar daarom niet minder reëel. Het betekent God kennen, niet als een theorie of als een abstract principe, maar als een Persoon. Iemand kennen houdt veel meer in dan een aantal dingen over hem weten. De diepe betekenis van iemand kennen is: van hem of haar houden; men kan zich niet echt van een ander bewust zijn als er geen wederzijdse liefde is. Iemand die we haten, kennen we niet echt. Dit zijn dan de twee minst misleidende uitspraken over God, die ons begrip te boven gaat: God is Persoonlijk en Hij is Liefde. En eigenlijk zeggen we dan twee keer hetzelfde.

We kunnen in het mysterie van God slechts binnentreden door onze persoonlijke liefde. Zoals *De Wolk van Niet-weten* zegt: "We kunnen Hem wel beminnen, maar wij kunnen ons van Hem geen voorstelling maken; met onze liefde kunnen wij Hem grijpen en vasthouden, maar nooit met ons denken."

Drie voorbeelden van *verbale Iconen* kunnen ons een vaag idee geven van wat die persoonlijke liefde tussen de gelovige en het Voorwerp van zijn geloof betekent. De eerste komt uit het verhaal over het martelaarschap van de H. Polycarpus in de tweede eeuw. De Romeinse soldaten komen de bejaarde bisschop Polycarpus arresteren en hij weet dat dit vrijwel zeker zijn dood betekent.

Toen hij vernam dat zij er waren, ging hij naar beneden en sprak met hen; zij waren verbaasd over zijn hoge leeftijd en zijn kalmte en konden niet begrijpen waarom men zich zoveel moeite gaf om een man van die leeftijd gevangen te nemen. Terstond beval hij hun op dat uur eten en drinken voor te zetten zoveel zij wilden. Hij vroeg hen toestemming een uur rustig te mogen bidden.

Toen zij hem die toestemming gegeven hadden, bad hij staande en hij was zo vervuld van genade dat hij twee uur lang niet kon ophouden te spreken. Zij die hem hoorden, waren verwonderd en velen hadden er spijt van dat zij gekomen waren om zo'n heilige oude man gevangen te nemen.

Toen hij tenslotte zijn gebed had beëindigd, na allen bij de Heer gebracht te hebben, die hij ooit ontmoet had: kleinen en groten, aanzienlijken en onaanzienlijken, en de Katholieke Kerk over heel de wereld, was de tijd van vertrek aangebroken.

Zo alomvattend is zijn liefde voor God en voor het hele mensdom in God, dat de H. Polycarpus op dit kritieke ogenblik enkel aan de anderen kan denken en niet aan het gevaar waaraan hij zelf blootstaat. Wanneer de Romeinse gouverneur hem voorstelt zijn leven te redden door Christus te verloochenen, zegt hij: "Zesentachtig jaar heb ik Hem gediend en Hij heeft mij nooit kwaad gedaan, hoe kan ik mijn Koning vervloeken die mij gered heeft?"

Een tweede voorbeeld geeft ons de H. Symeon de Nieuwe Theoloog in de elfde eeuw: hij beschrijft hoe Christus zichzelf openbaarde in een visioen van licht:

Gij verscheent aan mij in een schitterend licht en het leek alsof ik U in al uw volheid kon aanschouwen omdat ik met heel mijn wezen naar U keek. Toen vroeg ik U: "Meester, wie zijt Gij?" en Gij waart zo goed tot mij, uw verloren zoon, het woord te richten. Gij spraakt tot mij met grote tederheid terwijl ik verbaasd stond te trillen op mijn benen en mij afvroeg: "Wat betekenen deze glorie en deze verblindende schittering? Waarom overkomt juist mij deze grote genade?" Gij antwoordde: "Ik ben God die, omwille van uw heil, mens geworden is; en zie, omdat gij Mij met geheel uw hart hebt gezocht, zult gij van nu af aan Mijn broeder, Mijn mede-erfgenaam en Mijn vriend zijn."

Tenslotte citeer ik hier het gebed van een zeventiende eeuwse Russische bisschop, de H. Dimitri van Rostov:

Kom, mijn Licht en verlicht mijn duisternis.
Kom, mijn Leven en wek mij op uit de dood.
Kom, mijn Arts en heel mijn wonden.
Kom, Vlam van goddelijke Liefde, en verteer de doornen

van mijn zonden en ontsteek mijn hart met de vlam van uw Liefde.
Kom, mijn Koning, zit op de troon van mijn hart en regeer daar.
Want Gij alleen zijt mijn Koning en mijn God.

Drie "Verwijzingen"

God is dus de Ene die wij liefhebben, onze persoonlijke Vriend. Het bestaan van een persoonlijke vriend hoeven we niet te bewijzen. Olivier Clément zegt: "God is niet een uiterlijke evidentie maar de verborgen Stem binnenin onszelf." Als we in God geloven, dan doen we dat omdat we Hem in onze eigen ervaring op directe wijze kennen en niet omwille van logische bewijzen. Toch moeten we hier een onderscheid maken tussen "ervaring" en "ervaringen." Eigen directe ervaring berust niet noodzakelijk op specifieke ervaringsmomenten. Heel wat mensen zijn in God beginnen te geloven omdat ze een of andere stem gehoord hebben of een visioen hebben gehad zoals de H. Paulus op de weg naar Damascus (Hand. 9,1-9). Vele anderen echter hebben zoiets nooit meegemaakt en toch bevestigen zij doorheen hun hele bestaan de levende God te hebben ervaren, en deze overtuiging is sterker dan al hun twijfels. Ofschoon zij niet kunnen verwijzen naar een bepaalde plaats of tijdstip op de weg zoals de H. Augustinus, Pascal of Wesley, zeggen zij vol overtuiging: *Ik ken God persoonlijk.*

Ziedaar dan het fundamentele "bewijs" van Gods bestaan: het appèl dat uit de directe ervaring ontstaat (en dat niet noodzakelijk gaat langs specifieke ervaringsmomenten). Ook al zijn er dan geen logische bewijzen van de goddelijke werkelijkheid voorhanden, toch zijn er bepaalde "verwijzingen". In de wereld rondom ons en ook binnenin onszelf zijn er zekere feiten die schreeuwen om een verklaring maar die, zonder het geloof in een persoonlijke God, onverklaarbaar blijven. Drie van die "verwijzingen" wil ik hier speciaal behandelen. In de eerste plaats is er de *wereld rondom ons*. Wat zien we? Veel wanorde en kennelijk zinloze dingen, veel tragische wanhoop en schijnbaar nutteloos lijden. En is dat alles? Zeker niet. Zoals er een "probleem van het kwade" bestaat, zo is er ook een "probleem van het goede". Waar we ook kijken, zien we niet alleen verwarring maar ook schoonheid. Een sneeuwvlok, een blad of een insekt zijn zo fijn en evenwichtig gemaakt dat niets van wat het menselijk vernuft heeft voortgebracht, daarmee te vergelijken is. We hoeven daar niet sentimenteel over te doen maar we kunnen er niet omheen. Hoe en waar is die wetmatigheid ontstaan? Als ik een splinternieuw spel kaarten neem met de vier kleuren netjes achter elkaar in de juiste volgorde en ik begin die kaarten te schudden, dan blijft er van de oorspronkelijke schikking niet veel over: de volgorde van de kaarten heeft geen enkele betekenis meer. Maar in het heelal is juist het tegenovergestelde gebeurd. Uit de oorspronkelijke chaos zijn patronen ontstaan die steeds ingewikkelder en betekenisvoller werden en het ingewikkeldste en meest betekenisvolle van alle is de mens zelf. Waarom zou het proces dat het kaartspel ondergaat, bij het heelal precies omgekeerd zijn gaan werken? Wat of wie is verantwoordelijk voor deze kosmische orde en planning? Zulke vragen zijn niet onredelijk. Het is precies mijn verstand dat mij dwingt een verklaring te zoeken voor orde en regelmaat.

«Het koren was oosterse en onsterfelijke tarwe die nooit geoogst mocht worden en nooit gezaaid was. Ik dacht dat het er in alle

eeuwigheid had gestaan. Het stof en de stenen van de straat waren zo kostbaar als goud... Toen ik voor het eerst door één van de poorten de groene bomen zag werd ik in verrukking gebracht door hun zachtheid en hun ongewone schoonheid. Zij deden mijn hart opspringen en maakten mij bijna gek van vervoering, zo vreemd en zo wonderbaar waren ze...

Zo beschreef Thomas Traherne hoe hij als kind de schoonheid van de wereld ontdekte. Ook in de Orthodoxe literatuur zijn er dergelijke teksten te vinden. Hier volgt bijvoorbeeld de beschrijving door Prins Vladimir Monomach van Kiev:

Zie hoe de hemel, de zon, de maan en de sterren, de duisternis en het licht door Uw Voorzienigheid worden geordend, o Heer! Zie hoe de verschillende dieren, de vogels en de vissen getooid worden door Uw liefhebbende zorg! Ook dit wonder loven wij: hoe Gij uit stof de mens geschapen hebt en hoe verscheiden al de gelaten van die mensen zijn: al zouden wij alle mensen van de hele wereld samenbrengen, dan nog zouden er geen twee dezelfde zijn: elk heeft zijn eigen uiterlijk, dankzij Gods wijsheid. Laat ons ook verbaasd zijn over de vogels in de lucht: zij blijven niet in een land maar verlaten hun paradijs en verspreiden zich over bossen en velden, zoals God het beveelt.

Het feit dat er in de wereld orde bestaat naast verwarring, samenhang en schoonheid naast nutteloosheid, is voor ons een eerste "verwijzing" naar God.

De tweede verwijzing vinden we *binnenin onszelf*. Waarom heb ik, naast een verlangen naar vreugde en een afkeer van pijn, in mezelf een gevoel van plicht en van moreel besef, een zin voor goed en kwaad, een geweten?

Een geweten dat mij niet alleen dwingt te gehoorzamen aan maatstaven die mij door anderen zijn voorgehouden, maar dat persoonlijk is. Waarom voel ik, geplaatst als ik ben in de tijd en in de ruimte, een "oneindige dorst", zoals Nicolas Cabasilas zegt, een dorst naar het oneindige? Wie ben ik? Wat ben ik?

Het antwoord op deze vragen ligt lang niet voor de hand. De grenzen van het menselijk wezen zijn uiterst wijd; elk van ons weet zeer weinig van zijn echte diepste innerlijk. Door onze gave om uiterlijke en innerlijke zaken waar te nemen, door ons geheugen en door de kracht van het onbewuste beheersen wij de ruimte, kunnen wij vooruit en achteruit kijken in de tijd en reiken wij, over tijd en plaats heen, uit naar de eeuwigheid. "Binnenin het hart zijn er onpeilbare diepten" bevestigen *De Homilieën van de H. Marcarius.* "Het is slechts een klein scheepje en toch liggen er draken en leeuwen op de loer en vergiftige schepsels en alle mogelijke onheil. Er zijn ruwe, oneffen paden en gapende afgronden. Maar ook God is daar en de engelen, het leven en het Koninkrijk, het licht en de Apostelen, de hemelse steden en alle schatten van de genade: alles is er."

Zo vinden we elk in ons eigen hart een tweede "verwijzing". Wat is de zin van mijn geweten? Hoe kan ik mijn gevoel voor het oneindige verklaren? Binnenin mij is er iets dat mij dwingt steeds verder te kijken dan mijzelf. In mijn hart draag ik een bron van voortdurende verwondering en van zelf-transcendentie.

Een derde "verwijzing" vind ik in mijn *relaties tot andere menselijke personen.* Elk van ons kent van die momenten - soms maar één of twee keer in een heel leven - dat wij plotseling het diepste en waarachtigste wezen van een ander aanvoelen en dat wij ons van zijn innerlijk leven bewust zijn, als was het ons eigen leven. Dit aanvoelen van de echte persoonlijkheid van een ander mens brengt ons eens te meer in contact met het tijdloze en transcendente, met iets dat sterker is dan de dood. Echt gemeend tot iemand zeggen "Ik hou van jou" is zeggen "Je zult nooit sterven". Op zulke momenten van persoonlijk delen weten wij, niet door argumenten maar door directe overtuiging, dat er een leven bestaat na de dood. Zo kennen wij in onze relaties met anderen, evenals in het ervaren van onszelf, ogenblikken van transcendentie die wijzen naar iets dat verder ligt. Hoe kunnen wij trouw zijn aan die momenten en de betekenis ervan vatten?

Deze drie "verwijzingen" - in de wereld rondom ons, in de wereld binnenin ons en in onze interpersoonlijke relaties - kunnen voor ons een stap in de goede richting zijn en ons op de drempel brengen van het geloof in God. Geen van deze "verwijzingen" vormt een logisch bewijs. Maar wat is het alternatief? Moeten wij zeggen dat de klaarblijkelijke ordening in het heelal louter toeval is, dat het geweten het gevolg is van een sociale conditionering en dat, wanneer het leven op aarde definitief gedoofd zal zijn, alle ervaringen en mogelijkheden van het mensdom zullen verdwijnen alsof zij nooit hadden bestaan? Een dergelijk antwoord lijkt mij niet alleen onbevredigend en onmenselijk maar ook uiterst onredelijk.

Het behoort essentieel tot mijn menselijke aard voor alles een verklaring te zoeken. Ik doe dit voor kleine dingen in mijn leven; hoe zou ik het dan niet doen voor grote zaken? Het geloof in God helpt mij te begrijpen waarom de wereld moet zijn zoals zij is, met haar schoonheid zowel als haar lelijkheid; waarom ik moet zijn zoals ik ben, met mijn edele zowel als mijn bekrompen gevoelens; en waarom ik de anderen moet liefhebben en hun eeuwige waarde bevestigen. Los van het geloof in God kan ik voor dit alles geen verklaring vinden. *Meer dan wat ook stelt het geloof in God mij in staat de dingen te begrijpen, ze te zien als een samenhangend geheel.* Het geloof geeft mij de mogelijkheid door de vele bomen het bos te zien.

Essentie en Energieën

Om de twee «polen» van Gods relatie tot ons aan te duiden - onbekend en toch goed gekend, verborgen en toch geopenbaard - maakt de Orthodoxe Traditie een onderscheid tussen de essentie, de natuur of het innerlijke wezen van God enerzijds, en Zijn energieën, Zijn werkingen of Zijn krachten anderzijds. "Door Zijn essentie staat Hij buiten alle dingen" schrijft de H. Athanasius, "maar door de handelingen van Zijn macht is Hij in alle dingen aanwezig." "Wij kennen de essentie door de energie" bevestigt de H. Basilius. "Niemand heeft ooit de essentie van God gezien, maar wij geloven in Zijn essentie omdat we Zijn kracht ervaren." De essentie van God betekent Zijn anders-zijn, maar door de energieën kennen we Zijn nabijheid. Omdat God een mysterie is dat ons verstand te boven gaat, zullen we Zijn essentie of Zijn innerlijk wezen nooit kennen, noch hier noch in een later leven. Indien we de goddelijke essentie kenden, zou daaruit volgen dat we God kenden zoals Hij Zichzelf kent en dat zal steeds onmogelijk blijven aangezien Hij de Schepper is en wij Zijn schepselen. Ofschoon Gods innerlijk wezen dus voor immer buiten ons bevattingsvermogen ligt, vullen Zijn energieën, Zijn genade, Zijn leven en Zijn kracht de hele wereld en deze zijn direct voor ons toe-gankelijk.

De essentie van God betekent dus Zijn absolute transcendentie; maar door Zijn energieën is Hij immanent, d.i. in alles en overal tegenwoordig. Wanneer men in de Orthodoxie spreekt over de goddelijke energieën dan bedoelt men daar niet mee: een uitstraling van God, een "bemiddelend iets" tussen God en de mens of een «gave» die God ons schenkt. Integendeel, de energieën zijn God Zelf in Zijn werking en in de ontsluiering van Zichzelf. Wanneer een mens de goddelijke energieën kent of eraan participeert, dan is hij een waarachtig deelgenoot van God Zelf, voor zover dat voor een geschapen wezen mogelijk is. Want God is God en wij zijn mensen; wij kunnen Hem niet op dezelfde manier bezitten als Hij ons bezit.

Zoals het verkeerd zou zijn de energieën van God te beschouwen als "iets" dat Hij ons schenkt, zo zou het even misleidend zijn die energieën te zien als een "deel" van God. De Godheid is enkelvoudig en ondeelbaar. De essentie betekent de hele God zoals Hij werkelijk is; de energieën betekenen de hele God zoals Hij is in Zijn handelen. God is totaal aanwezig in elk van Zijn energieën. Wanneer wij dus een onderscheid maken tussen essentie en energieën, dan doen wij dat om aan te duiden dat de *hele* God onbereikbaar is maar dat de *hele* God zich, door de liefde die van Hem uitgaat, bereikbaar gemaakt heeft voor de mensen.

Door dit onderscheid te maken tussen de goddelijke essentie en de goddelijke energieën begrijpen wij dat het mogelijk is te komen tot een directe of mystieke vereniging van de mens met God - wat de Griekse Vaders de *theosis* van de mens noemen, zijn "deïficatie" - maar tegelijk sluiten wij elke pantheïstische identificatie tussen beide uit: want de mens neemt deel aan de energieën van God maar niet aan Zijn essentie. Er is een vereniging maar geen fusie of vermenging. Hoewel "één" met het goddelijke blijft de mens toch mens; hij wordt niet opgeslorpt of vernietigd maar tussen hem en God blijft er altijd een "Ik – Gij" relatie bestaan van persoon tot persoon.

Zo is dus onze God: onbegrijpelijk in Zijn essentie maar gekend door Zijn energieën; buiten en boven ons bevattings- of uitdrukkingsvermogen maar toch dichter bij ons dan ons eigen hart. Door de apophatische benaderingswijze vernietigen wij alle idolen of mentale voorstellingen die wij van Hem hebben want wij weten dat ze zijn allesovertreffende grootheid onwaardig zijn. Maar terzelfdertijd ontdekken wij op elk moment door ons gebed en door ons actief dienen in de wereld, Zijn goddelijke energieën, Zijn onmiddellijke aanwezigheid in elke persoon en in elk ding. Dagelijks, ieder uur raken we Hem aan. We zijn, zoals Francis Thompson zei "niet in een vreemd land". Overal rondom ons bevindt zich het "alomschitterende ding"; Jacobs ladder hangt "tussen de hemel en Charing Cross" (het centrum van Londen):

O onzichtbare wereld, wij aanschouwen u,
O onbereikbare wereld, wij raken u aan,
O onkenbare wereld, wij kennen u,
Ongrijpbaar, grijpen we u vast.

John Scotus Eriugena schreef: "Elk zichtbaar of onzichtbaar schepsel is een theofanie, een verschijning van God." Een Christen ziet God waar hij ook kijkt en hij verheugt zich in Hem. De eerste Christenen schreven niet zonder reden deze uitspraak aan Christus toe: "Hef de steen op en gij zult Mij vinden; hak het hout in twee en gij zult Mij zien."

Stel je een loodrechte, steile rots voor met een vooruitstekende rand aan de top. Stel je dan voor hoe iemand zich voelt als hij zijn voet op de rand van deze afgrond zet en beneden zich alleen maar een enorme diepte ziet. Naar mijn oordeel is dit wat de ziel ervaart, wanneer zij verder gaat dan materiële zaken in haar zoeken naar datgene, wat geen dimensie heeft en sinds alle eeuwigheid bestaat. Want dan is er geen enkel houvast meer, noch tijd noch plaats, geen maat noch iets anders. Met onze geest kunnen wij er niet bij. Zo wordt de ziel, die zich voortdurend elk herkenningspunt ziet ontglippen, duizelig en verward en zij keert eens te meer terug tot wat haar zo nauw verwant is, tevreden dat zij ten minste dit weet over het Transcendente: dat het volkomen verschilt van alles wat de ziel kent.

H. Gregorius van Nyssa

Stel je een man voor die 's nachts in zijn huis zit met alle deuren gesloten; veronderstel dan dat hij een venster opent juist op het ogenblik dat er een felle bliksemschicht is. Omdat hij het felle licht niet kan verdragen, beschermt hij zichzelf door de ogen te sluiten en weg te gaan van het venster. Zo is het ook met de ziel die gevangen zit in het rijk van de zintuigen: wanneer zij uit het venster van het verstand kijkt, wordt zij overweldigd door het felle licht van de belofte van de Heilige Geest die in haar is. Onmachtig de schittering van het onverhulde licht te verdragen, wordt haar verstand terstond in verwarring gebracht en trekt zij zich volledig in zichzelf terug; zij zoekt bescherming, als in een huis, tussen zintuigelijke en menselijke dingen.

H. Symeon de Nieuwe Theoloog

Iedereen die het onuitsprekelijke Licht met woorden zou willen

beschrijven, is een echte leugenaar, niet omdat hij de waarheid haat maar omdat zijn beschrijving ontoereikend zou zijn.
H. Gregorius van Nyssa

Laat de zintuigen en de werking van het verstand, alles wat de zintuigen en het verstand kunnen opmerken en al wat is en niet is, achterwege; en reik dan, doorheen het niet-weten, uit naar het één-zijn met Hem die boven al het zijnde en alle kennis uitstijgt. Door die niets ontziende, absolute en zuivere onthechting van jezelf en van alle dingen, word je bevrijd van alles en stijg je erboven uit; zo zul je geleid worden naar de uitstraling van de goddelijke duisternis die al het zijnde te boven gaat.

Wanneer wij die onbegrijpelijke duisternis binnentreden, zullen wij niet alleen geen woorden vinden maar tot absolute stilte en niet-weten gebracht worden.

Ontdaan van elke kennis zal de mens in het meest verheven deel van zichzelf verbonden worden, niet met enig schepsel of met zichzelf maar met de Ene die totaal onkenbaar is; en omdat hij niets weet, bereikt hij een kennis die alle begrip te boven gaat.
H. Dionysius de Areopagiet

De vorm van God is onuitsprekelijk en onbeschrijflijk en kan niet met de ogen van het vlees worden aanschouwd. Zijn glorie is onbevattelijk, Zijn grootheid onbegrijpelijk, Zijn hoogheid onvoorstelbaar, Zijn sterkte onvergelijkelijk, Zijn wijsheid ontoegankelijk, Zijn liefde onnavolgbaar, Zijn goedertierenheid onuitsprekelijk.

Zoals wij de ziel in de mens niet kunnen zien omdat zij voor mensen onzichtbaar is maar wij van haar bestaan afweten door de bewegingen van het lichaam, zo kunnen wij God niet zien met menselijke ogen maar Hij maakt zich kenbaar en zichtbaar door Zijn voorzienigheid en Zijn werken.

Theophilus van Antiochië

Wij kennen God niet in Zijn essentie. Wij kennen Hem eerder door de grootsheid van Zijn schepping en door Zijn providentiële zorg voor alle schepselen. Op die manier krijgen wij, als door een spiegel, inzicht in Zijn oneindige goedheid, wijsheid en macht.

H. Maximus de Belijder

Het belangrijkste dat gebeurt tussen God en de menselijke ziel is beminnen en bemind worden.

Kallistos Kataphygiotis

Liefde voor God is extatisch, zij brengt ons buiten onszelf; de minnaar behoort zichzelf niet meer toe, hij behoort enkel nog aan de Geliefde.

H. Dionysius de Areopagiet

Ik weet dat de Onbeweeglijke naar beneden komt;
Ik weet dat de Onzichtbare aan mij verschijnt;
Ik weet dat Hij die zich ver buiten de schepping bevindt, mij
Tot Zich neemt en mij in Zijn armen bergt;
En dan merk ik hoe ik zelf buiten de hele wereld ben.
Ik, een kwetsbaar, klein sterfelijk wezen, aanschouw de
Schepper
Van de wereld in al zijn volheid, binnenin mijzelf.
En ik weet dat ik niet zal sterven want ik ben in het leven.
Het hele leven springt in mij op als een fontein.
Hij is in mijn hart, Hij is in de hemel:
Zowel hier als daar toont Hij zich aan mij in even grote glorie.

H. Symeon de Nieuwe Theoloog

HOOFDSTUK 2

GOD ALS DRIE-EENHEID

Mijn hoop is de Vader,
mijn toevlucht de Zoon,
mijn beschutting de Heilige Geest,
Alheilige Drie-eenheid, eer aan U.
Gebed van de H. Ioannikós

Alheilige Drie-eenheid, ongeschapen en zonder aanvang,
Drie-ene, onverdeelde Eenheid,
Vader, Zoon en Geest, enige God,
Aanvaard deze hymne gezongen door onze tongen van leem,
Opdat zij tongen van vuur mogen worden.
Uit het Vastentriodion

God als Wederzijdse Liefde

"Ik geloof in één God" zeggen wij bij het begin van de Geloofsbelijdenis. Maar daaraan voegen wij dadelijk veel meer toe: "Ik geloof", zo gaan wij verder, in één God die tegelijkertijd drie Personen is: Vader, Zoon en Heilige Geest. God draagt in Zich zowel een echte verscheidenheid als een diepe eenheid. De Christelijke God is niet alleen één maar ook vereniging, niet alleen éénheid maar ook gemeenschap. Er is in God iets dat analoog is met "samenleven". Hij is niet één enkele Persoon die alleen Zichzelf liefheeft, geen zelfgenoegzame monade of "De Ene". Hij is een drie-eenheid: drie gelijke Personen die elk zijn opgenomen in de andere twee door de onophoudelijke uitwisseling van hun wederzijdse liefde. *Amo ergo sum,* "Ik bemin, dus ben ik": de titel van het gedicht van Kathleen Raine kan ook dienen als motto voor God, de Heilige Drie-eenheid. Wat een andere dichter nl. Shakespeare zegt over de liefde tussen twee mensen, kunnen we ook toepassen op de goddelijke liefde van de eeuwige Drie:

Zozeer hielden ze van elkaar als twee personen,
maar in wezen waren ze één;
afzonderlijk bestaand maar niet van elkaar te scheiden,
de liefde haalde het op het aantal.

Het uiteindelijke streefdoel van de geestelijke Weg is dat wij, mensen, deel zouden mogen hebben aan het onafscheidelijk verbonden zijn van deze Drie-eenheid - *Perichoresis* genoemd - en dat wij geheel zouden worden opgenomen in de kring van liefde die in God bestaat. Zo bad Christus tot zijn Vader in de nacht voor Zijn Kruisiging: "Opdat zij alleen één mogen zijn zoals Gij, Vader, in Mij en Ik in U: dat ook zij in Ons één mogen zijn" (Joh. 17, 21).

Waarom geloven wij dat er in God drie Personen zijn? Is het niet eenvoudiger gewoon te geloven in de goddelijke eenheid zoals de Joden en de Moslims doen? Dat is zeker gemakkelijker. De leer van de Drie-eenheid is een uitdaging voor ons, zij is een "kruis" in de letterlijke betekenis van het woord. Zij is, zoals Vladimir Lossky zegt een kruis voor de menselijke manier van denken" en zij eist van ons een radicale daad van *mètanoia;* niet zomaar een oppervlakkig instemmen maar een werkelijke ommekeer van geest en hart.

Waarom dan geloven wij in God als Drie-eenheid? In het vorige hoofdstuk hebben wij gezien dat de twee meest doeltreffende manieren om in het goddelijk mysterie binnen te dringen", zijn: geloven dat God *Persoonlijk* is en dat Hij *Liefde* is. Deze beide begrippen veronderstellen participatie en wederkerigheid. Om te beginnen is een "persoon" absoluut niet hetzelfde als een "individu", Als wij geïsoleerd leven, van niemand afhankelijk, dan zijn wij geen echte persoon maar alleen een individu, een nummer in de volkstelling. Egocentriciteit is de dood van elke echte persoonlijkheid. Men wordt pas een echte persoon door in relatie te treden met andere personen, door voor hen en in hen te leven. Iemand heeft terecht gezegd dat een mens niet kan bestaan tenzij hij met ten minste één andere mens in relatie staat. Hetzelfde geldt voor de liefde. Liefde kan niet op zichzelf bestaan maar veronderstelt een ander wezen. Eigenliefde is een ontkenning van de liefde. Charles Williams toont in zijn roman "Descent into hell" aan, hoe vernietigend eigenliefde is: het is een hel, want in haar uiterste vorm betekent eigenliefde het einde van elke vreugde en het verlies van elke zin. Niet de anderen zijn de hel; de hel ben ikzelf wanneer ik door mijn zelfgenoegzaamheid afgesneden ben van de anderen.

God is veel beter dan het beste dat wij in onszelf kennen. Wanneer dus het kostbaarste element in ons menselijk leven de "Ik-Gij" relatie is, dan kunnen wij niet anders dan deze zelfde relatie ook, in zekere zin, aan het eeuwig Wezen van God Zelf toeschrijven. En dat is nu juist wat de leer over de Heilige Drie-eenheid doet. In het hart zelf van de goddelijke liefde kent God Zichzelf van uit alle eeuwigheid als "Ik en Gij", en wel op een drievoudige wijze en dat besef is voor Hem een bron van voortdurende vreugde. Alles wat wij met ons beperkt verstand weten over de menselijke persoon en de menselijke liefde passen we ook toe op God, de Drie-eenheid, maar we voegen eraan toe dat al deze dingen bij Hem een oneindig veel grotere betekenis hebben dan wij ons ooit kunnen voorstellen.

Persoonlijkheid en liefde betekenen: leven, beweging, ontdekking. Dus brengt de leer van de Drie-eenheid ons er ook toe over God eerder in dynamische dan in statistische termen te spreken. God is niet slechts onbeweeglijkheid, rust, onveranderlijke volmaaktheid. Als wij over de Drie-eenheid spreken, dan moeten we eerder denken aan de wind, aan het stromende water, aan de rusteloze vlammen van het vuur. Een geliefd beeld van de Drie-eenheid is altijd geweest: drie fakkels die branden met één enkele vlam. In de *Vaderspreuken* lezen we hoe een broeder eens met abt Jozef uit Panefo kwam praten. "Abba" zei de bezoeker, "naar vermogen verricht ik mijn kleine gebedsdienst, mijn kleine vasten, mijn gebed, mijn overweging en mijn stilte, en naar vermogen ben ik rein in mijn gedachten. Wat kan ik nog meer doen?" Toen stond de grijsaard op en strekte zijn handen ten hemel. En zijn vingers werden als tien fakkels van vuur. En hij zei hem: "Als u wilt, wordt dan helemaal als van vuur." Als dit beeld van de levende vlam ons helpt om de menselijke natuur in haar diepte te begrijpen, kunnen wij het dan ook niet op God toepassen? De drie Personen van de Drie-eenheid zijn "echt een vlam".

Maar het minst misleidende beeld vinden wij uiteindelijk niet in de wereld buiten ons, maar in het menselijk hart. De beste analogie blijft die waarmee we begonnen zijn: onze ervaring dat onze liefde beantwoord wordt wanneer wij intens bekommerd zijn om een andere persoon.

Drie Personen in Eén Wezen

"Ik en de Vader. Wij zijn Eén", zei Christus (Joh. 10,30). Wat bedoelde Hij daarmee?

Om een antwoord te vinden, gaan we in de eerste plaats terug naar de eerste twee van de zeven Oecumenische of Universele Concilies: het concilie van Nicea (325) en het eerste concilie van Constantinopel (381). De centrale en beslissende zin uit de Geloofsbelijdenis die daar geformuleerd werd, is deze: "Jezus Christus is de ware God uit de ware God", "Eén in wezen" of "consubstantieel" met God de Vader *(homo-ousios)*. Met andere woorden: Jezus Christus is gelijk aan de Vader; Hij is God zoals de Vader God is en toch zijn er niet twee goden maar slechts Eén. Later in de vierde eeuw pasten de Griekse Vaders die leer verder toe op de Heilige Geest: ook Hij is echt God, "Eén in wezen" met de Vader en de Zoon. Maar hoewel de Vader, de Zoon en de Geest één enkele God zijn, toch is elk van Hen van (in)alle eeuwigheid een Persoon, een onderscheiden centrum van bewust Zelfzijn. De Drievuldige God moet dus beschouwd worden als "drie Personen in één essentie". In God bestaat voor eeuwig een echte Eenheid, gekoppeld aan een waarachtige persoonlijke verscheidenheid: de term "essentie", "substantie" of "wezen" *(ousia)* duidt de eenheid aan, de term "Persoon" *(Hypostasis, Prosopon)* wijst op de verscheidenheid. Laten wij proberen te begrijpen wat er met die nogal raadselachtige taal bedoeld wordt, want het dogma van de Heilige Drie-eenheid is van vitaal belang voor onze eigen verlossing.

De Vader, de Zoon en de Geest zijn Eén in wezen, niet louter in die zin dat ze alle drie exemplaren zijn van dezelfde groep of categorie, maar in de zin dat zij één enkele, unieke, specifieke werkelijkheid vormen. Er bestaat in dit opzicht een belangrijk verschil tussen de manier waarop de drie goddelijke Personen Eén zijn en de manier waarop drie menselijke personen één genoemd zouden kunnen worden. Drie menselijke personen, Jan, Piet en Klaas behoren tot dezelfde categorie "mens". Maar hoe nauw ze ook met elkaar samenwerken, elk behoudt zijn eigen wil en zijn eigen energie, handelend vanuit zijn eigen verschillende kracht en inzet. Kortom, het zijn drie mensen en niet één mens. Bij de drie goddelijke Personen liggen de zaken geheel anders. Er is een onderscheid maar nooit een scheiding. De Vader, de Zoon en de Geest - zo zeggen de Heiligen, in navolging van het getuigenis van de Schrift - hebben slechts één wil en geen drie, slechts één energie en geen drie. Geen enkele van de Drie handelt ooit alleen, los van de andere twee. Zij zijn niet drie Goden, maar één God.

Ofschoon de drie Personen nooit elk voor zich handelen, vinden we in God zowel een echte verscheidenheid als een specifieke eenheid. Door te ervaren hoe God in ons leven werkt, weten wij dat de drie Personen altijd samen werken, hoewel elk van hen zich op een verschillende wijze in ons manifesteert. Wij ervaren God als Drie-in-één en wij geloven dat deze drievoudige verscheidenheid in Gods uiterlijke werking ook een drievoudige verscheidenheid in zijn innerlijk leven weerspiegelt. Het onderscheid tussen de drie Personen moet gezien worden als een eeuwig onderscheid dat bestaat binnenin de natuur van God zelf; dit geldt niet alleen voor zijn werking naar buiten in de wereld. De Vader, de Zoon en de Geest zijn niet enkel "modaliteiten" of "aspecten" van de Godheid, niet enkel "maskers" die God een tijdlang gebruikt wanneer het om de schepping gaat en dan weer aflegt; zij zijn integendeel drie evenwaardige en mede-eeuwigbestaande Personen. Een menselijke vader is ouder dan zijn zoon, maar wanneer wij over God spreken als "Vader" en "Zoon", dan gebruiken wij die begrippen niet in deze letterlijke zin. Wij zeggen ook over de Zoon: "Er is nooit een tijd geweest dat Hij niet bestond". Hetzelfde zeggen wij over de Geest.

Elk van de Drie is volledig God, niet meer of minder God dan de andere. Elk van Hen bezit niet een derde van de Godheid maar de hele Godheid in haar totaliteit; toch beleeft elk van Hen deze ene Godheid op zijn eigen persoonlijke manier. De Eenheid-in-verscheidenheid van de Drievuldigheid beklemtonend, schrijft de H. Gregorius van Nyssa:

Al wat de Vader is, zien wij geopenbaard in de Zoon; al wat van de Zoon is, is ook van de Vader; want de hele Zoon woont in de Vader en de hele Vader is in Hem... De Zoon die altijd in de Vader bestaat, kan nooit van Hem gescheiden worden; evenmin kan de Geest ooit gescheiden worden van de Zoon Die, door de Geest, alles tot stand brengt. Hij die de Vader ontvangt, ontvangt terzelfdertijd ook de Zoon en de Geest. Men kan zich onmogelijk enige scheiding of enige breuk tussen Hen voorstellen: men kan de Zoon niet los zien van de Vader, noch de Geest scheiden van de Zoon. Tussen de Drie bestaat er een samen-delen en een Verscheidenheid die alle begrip en alle woorden te boven gaan. Het onderscheid tussen de Personen schaadt de eenheid van de natuur niet; evenmin leidt de gedeelde eenheid van wezen tot een verwarring van de kenmerken van de onderscheiden Personen. Wees niet verbaasd als wij de Godheid tegelijk Eén en verscheiden noemen. Hoe raadselachtig het ook klinkt, wij hebben hier te maken met een vreemde, paradoxale verscheidenheid-in-eenheid en Eenheid-in-verscheidenheid.

"Raadselachtig": de H. Gregorius wil er de nadruk op leggen dat de leer van de Drie-eenheid "paradoxaal" is en "alle begrip en woorden te boven gaat". Het is iets dat ons door God geopenbaard wordt, niet iets dat wij met ons eigen verstand ontdekt hebben. Wij kunnen een poging doen het met menselijke woorden te verklaren, maar daar slagen wij niet helemaal in. Ons redeneervermogen is een gave van God die wij ten volle moeten gebruiken maar wij moeten ook de beperkingen ervan erkennen. De Drie-eenheid is geen filosofische theorie maar de levende God die wij aanbidden. Daarom komt er een moment in onze benadering van de Drie-eenheid waarop argumentatie en analyse de plaats moeten ruimen voor een gebed zonder woorden. "Laat alle sterfelijke wezens zwijgen, in angst en met beven" (de Liturgie van de H. Jacobus).

Persoonlijke Karakteristieken (*)

De eerste Persoon van de Drie-eenheid, God de Vader, is de "bron" van de Godheid, de Oorsprong, de Oorzaak, het grondbeginsel van de andere twee Personen. Hij is de band die de Drie met elkaar verenigt: er is één God omdat er één Vader is. "De Vader is de Eenheid van Wie en naar Wie de orde der Personen uitgaat en terugkeert" (H. Gregorius de (*) Overeenkomstig de in Vlaanderen gebruikelijke formulering van de Geloofsbelijdenis (in onze kerk dan zonder het «filioque») zal in de hierna volgende tekst, omtrent de oorsprong van de Zoon worden gezegd dat Hij "geboren" is uit de Vader, en van de H. Geest dat Hij "voortkomt" uit de Vader. In het Liturgikon van Den Haag zegt men van de H. Geest dat Hij "uitgaat" van de Vader. Van belang is dat steeds dezelfde en duidelijk onderscheiden termen worden gebruikt om de oorsprong aan te duiden van de Zoon en die van de H. Geest. Theoloog). De andere twee Personen worden elk bepaald in termen van hun verhouding tot de Vader: de Zoon is "geboren" uit de Vader, de Geest "komt voort" uit de Vader. In het Latijnse Westen houdt men meestal voor dat de Geest voortkomt "uit de Vader en de Zoon": het woord *filioque* ("en uit de Zoon") werd aan de Latijnse tekst van de Geloofsbelijdenis toegevoegd. De Orthodoxie verwerpt het *filioque,* niet enkel omdat het een ongeoorloofde toevoeging is aan de Geloofsbelijdenis - de inlassing gebeurde zonder het akkoord van het Christelijke Oosten - maar tevens omdat de leer van de "dubbele afstamming", zoals men gewoonlijk zegt, als theologisch onjuist en schadelijk voor de spiritualiteit wordt beschouwd. Volgens de Griekse Vaders van de vierde eeuw die tot op heden door de Orthodoxe Kerk worden gevolgd, is de Vader de enige Bron van Eenheid in de Godheid. Wanneer men de Zoon, naast de Vader of samen met Hem als bron beschouwt, dan loopt men gevaar de onderscheiden karakteristieken van de Personen te verwarren.

De tweede Persoon van de Drie-eenheid is de Zoon van God, zijn "Woord" of *Logos.* Wanneer wij over God spreken als Zoon en Vader, dan impliceert dat, zoals gezegd, een stroom van wederzijdse liefde. Het houdt in dat God zelf van (in) alle eeuwigheid als Zoon, in kinderlijke gehoorzaamheid en liefde, aan God de Vader het *zijn* terugschenkt dat de Vader, in vaderlijke zelfovergave, steeds weer in Hem opwekt. In en door de Zoon wordt ons de Vader geopenbaard: "Ik ben de Weg, de Waarheid en het Leven; niemand komt tot de Vader tenzij door Mij" (Joh. 14,6). Hij is het die op aarde als mens geboren werd uit de Maagd Maria in de stad Bethlehem. Maar als Woord of Logos van God is Hij reeds vóór de Incarnatie aan het werk. Hij is het beginsel van orde en wetmatigheid Die alles doordringt en in God verenigt, waardoor het heelal een "kosmos" wordt, een harmonisch en samenhangend geheel. De Schepper-Logos heeft aan elk schepsel zijn eigen *logos* of innerlijk beginsel meegedeeld, waardoor dat schepsel zijn eigen karakter krijgt en tevens naar God gericht en getrokken wordt. Het is onze menselijke taak in ambacht of industrie deze *logos* die in elk schepsel woont, te onderscheiden en aan het licht te brengen; niet overheersing is ons doel maar samenwerking.

De derde Persoon is de Heilige Geest, de "wind" of "adem" van God. Hoewel we ons ervan bewust zijn dat elke classificatie ontoereikend is, zouden we kunnen stellen dat de Geest *God in ons* is, de Zoon *God met ons* en de vader *God boven of buiten ons.* Zoals de Zoon ons de Vader toont, zo toont de Geest ons de Zoon, Hij brengt Hem ons nabij. Toch is de relatie wederkerig. De Geest stelt de Zoon voor ons aanwezig, maar het is de Zoon die ons de Geest zendt. (Noteer dat er een onderscheid is tussen het "eeuwig voortkomen" van de Geest en Zijn "tijdelijke zending". De Geest werd binnen de tijd door de Zoon naar de wereld gezonden; maar wat Zijn oorsprong betreft binnen het eeuwig leven van de Drie-eenheid, stamt de Geest alleen van de Vader af.) Synesius van Cyrene karakteriseert elk van de drie Personen als volgt:

Heil, Vader, Bron van de Zoon,
Zoon, Beeld van de Vader;
Vader, (de) Grond waar de Zoon op staat,
Zoon, Zegel van de Vader;

Vader, Kracht van de Zoon,
Zoon, Schoonheid van de Vader;
Alzuivere Geest, Band tussen
de Vader en de Zoon.
Zend, o Christus, de Geest,
zend de Vader naar mijn ziel;
drenk mijn dorre hart in deze dauw,
de beste van al Uw Gaven.

Waarom spreken wij over God als Vader en Zoon en niet als Moeder en Dochter? Op zichzelf is de Godheid noch mannelijk noch vrouwelijk. Ofschoon onze menselijke seksuele karaktertrekken als man of vrouw, in hun hoogste en waarachtigste vorm, een aspect van het goddelijk leven weerspiegelen, bestaat er in God niet zoiets als seksualiteit. Wanneer wij dus over God spreken als Vader, dan moet dit niet letterlijk worden opgevat maar als een symbool. Waarom zijn deze symbolen dan mannelijk en niet vrouwelijk? Waarom noemen wij God "Hij" en niet "zij"? Er zijn ooit Christenen geweest die over God spraken als "moeder". Aphrahat, een van de vroege Syrische Vaders, spreekt over de liefde van de gelovige voor "God, zijn Vader, en de Heilige Geest, zijn Moeder". In het Middeleeuwse Westen zei Lady Julian of Norwich: "God verheugt zich dat Hij onze Vader is en God verheugt zich dat Hij onze Moeder is." Maar dit zijn uitzonderingen. Bijna altijd worden in de Bijbel en in de Kerkelijke Liturgische Dienst mannelijke symbolen voor God gebruikt.

Er zijn geen bewijzen aan te voeren waarom dit zo zou moeten zijn, maar als Christenen weten wij dat God op bepaalde symbolen zijn stempel heeft gedrukt en op andere niet. Deze symbolen hebben wij niet zelf uitgekozen, maar ze werden ons geopenbaard en *gegeven*. Wij kunnen een symbool verifiëren, beleven, bidden, maar niet logisch "bewijzen." Hoewel deze "gegeven" symbolen niet kunnen bewezen worden, zijn ze toch niet willekeurig. Zoals symbolen in de mythe, de literatuur en de kunst, reiken onze religieuze symbolen tot diep in de verborgen wortels van ons wezen en zij kunnen niet veranderd worden zonder dat dit belangrijke gevolgen heeft. Indien wij bijvoorbeeld zouden beginnen met te zeggen "Onze Moeder die in de hemelen zijt" in plaats van "Onze Vader", dan zouden wij niet alleen een toevallig product van onze verbeelding aanpassen, maar het Christendom zou een ander soort godsdienst worden. Een Moeder-Godin is niet de Heer van de Christelijke Kerk.

Waarom is God de communio van *drie* goddelijke Personen, niet min of niet meer? Ook hiervoor kunnen wij geen logisch bewijs vinden. De drievuldigheid van God is iets dat ons gegeven of geopenbaard is in de Schrift, in de Apostolische Traditie en in de ervaring van de Heiligen door de eeuwen heen. Al wat wij kunnen doen is dit gegeven feit toetsen aan de waarheid van ons eigen gebedsleven.

Wat is nu precies het verschil tussen het "geboren worden" van de Zoon en het "voortkomen" van de Geest? "De wijze van geboren worden en de wijze van voortkomen zijn onbegrijpelijk" zegt de H. Johannes van Damascus. "Men heeft ons gezegd dat er een verschil bestaat tussen geboren worden en voortkomen, maar de aard van dit verschil begrijpen wij niet." Wanneer de H. Johannes van Damascus toegeeft dat hij er niets van begrijpt, hoe zouden wij het dan wel? De termen "geboren worden" en "voortkomen" zijn overeengekomen tekens voor een werkelijkheid die ons verstand en ons begrip ver te boven gaat. "Ons redeneervermogen is zwak en onze tong is nog zwakker" merkt de H. Basilius de Grote op. "Het is gemakkelijker de hele zee te meten met een klein kopje dan Gods onuitsprekelijke grootheid te vatten met de menselijke geest." Hoewel die tekens dus niet volledig kunnen verklaard worden, kunnen we ze toch verifiëren zoals we reeds hebben gezegd. Door onze ontmoeting met God in het gebed *weten* we dat de Geest niet Dezelfde is als de Zoon, ook al kunnen we niet precies met woorden uitdrukken waar het verschil is gelegen.

De Twee Handen van God

Laten wij proberen de leer van de Drie-eenheid te illustreren door na te gaan hoe deze Drie-eenheid te werk gaat in de heilsgeschiedenis en in ons eigen gebedsleven.

Zoals gezegd, werken de drie Personen altijd samen en bezitten zij slechts één enkele wil en energie. De H. Ireneus spreekt over de Zoon en de Geest als de "twee handen" van God de Vader en bij elke scheppings- of heilsdaad gebruikt de Vader deze beide "handen" tegelijk. De Schrift en de Liturgie geven hiervan verschillende voorbeelden. 1. *De schepping.* "Door Zijn woord zijn de hemelen gemaakt, door Zijn ademtocht heel hun heir" (Ps. 33,6). God de Vader schept door Zijn "Woord" of Logos (de tweede Persoon) en door zijn "Adem" of Geest (de derde Persoon). De "twee handen" van de Vader werken samen bij de schepping van het heelal. Over de Logos staat geschreven: "alles is door Hem geworden" (Joh. 1,3); vergelijk dit met de Geloofsbelijdenis: "...door Wie alles geschapen is". Over de Geest werd gezegd dat Hij bij de schepping "zweefde over de wateren" (Gen. 1,2). Alle schepselen zijn getekend met het zegel van de Drie-eenheid.

2. *De Incarnatie.* Bij de Blijde Boodschap zendt de Vader de Heilige Geest naar de Gezegende Maagd Maria en zij ontvangt de eeuwige Zoon van God (Luc. 1,35). Aldus is de Menswording van God het werk van de Drie-eenheid. De Geest wordt door de Vader gezonden om de Zoon aanwezig te maken in de schoot van de Maagd. Daar moeten we nog aan toevoegen dat de Incarnatie niet alleen het werk is van de Drie-eenheid maar ook van Maria's vrije wil. God wachtte op haar vrijwillige toestemming, uitgedrukt in de woorden: "Zie de dienstmaagd des Heren, mij geschiede naar uw woord" (Luc. 1,38). Had Maria haar toestemming niet gegeven, dan zou zij nooit de moeder van God geworden zijn. De goddelijke genade vernietigt de menselijke vrijheid niet, maar bevestigt ze.

3. *De Doop van Christus.* In de Orthodoxe Traditie wordt deze Doop gezien als een openbaring van de Drieeenheid. De stem van de Vader uit de hemel getuigt over Zijn Zoon: "Dit is Mijn Zoon, Mijn veelgeliefde, in Wie Ik welbehagen heb," en terzelfdertijd daalt de Heilige Geest in de vorm van een duif neer van de Vader en Hij komt over de Zoon (Mat. 3, 16-17). Zo zingt de Orthodoxe Kerk op de dag van de Heilige Theofanie (6 januari), het feest van Christus' Doop:

Toen Gij, Heer, gedoopt werd in de Jordaan,
werd de aanbidding der Heilige Drie-eenheid geopenbaard:
de Vader heeft van U getuigd,
en noemde U Zijn geliefde Zoon;
de Geest in de gedaante van een duif,
bevestigde de waarheid van dit woord.

4. *De Transfiguratie van Christus.* Ook dit is een manifestatie van de Drieeenheid. Zij weerspiegelt dezelfde relatie tussen de drie Personen als bij de doop. De Vader getuigt vanuit de hemel "Dit is Mijn Zoon, de Welbeminde, in Wie Ik Mijn behagen heb gesteld; luister naar Hem" (Mat. 17,5). Zoals tevoren daalt de Geest neer over de Zoon, ditmaal in de vorm van een lichtende wolk (Luc. 9,34). In een van de hymnen van dit feest (6 augustus) bevestigen wij:

Onveranderlijk Licht,
Aanvangloos Licht uit het Licht van de Vader, O Woord.
In uw stralend Licht
Hebben wij U heden op de Tabor geschouwd,
Als het Licht dat de Vader is,
En als Licht de Heilige Geest,
Die heel de schepping verlicht.

5. *De Eucharistische Epiclese.* Dezelfde werking van de Drie-eenheid die klaarblijkelijk was bij de Boodschap, de Doop en de Transfiguratie, is dat eveneens bij het hoogtepunt van de Eucharistie, de *epiclese* of de aanroeping van de Heilige Geest. In de Liturgie van de H. Johannes Chrysostomos richt de celebrerende priester zich tot de Vader met de Woorden:

Wij offeren u deze onbloedige Logosdienst;
wij roepen Uw hulp in; wij bidden en smeken U: Zend Uw Heilige Geest neer over ons en over deze voor U neergelegde gaven.
+ En maak dit brood het kostbaar Lichaam van uw Christus;
+ En wat in deze Kelk is het kostbaar Bloed van uw Christus;
+ Ze herscheppend door uw Heilige Geest.

Zoals bij de Boodschap zendt de Vader ook bij de verdergaande Incarnatie van Christus in de Eucharistie, de Heilige Geest om zijn Zoon tegenwoordig te stellen in de geconsacreerde Gaven. Zoals altijd werken ook hier de drie Personen van de Drie-eenheid samen.

De Drie-eenheid in ons Gebed

Zoals de Drie-eenheid als een structuur aanwezig is in de Eucharistische Epiclese, zo is zij dat ook in bijna alle gebeden van de Kerk. De openingsgebeden die door de Orthodoxen elke morgen en elke avond worden gezegd, dragen een onmiskenbaar trinitair karakter. Deze gebeden zijn zo vertrouwd en worden zo vaak herhaald dat men gemakkelijk vergeet dat hun ware karakter tot verheerlijking strekt van de Heilige Drie-eenheid. Bij het maken van het Kruisteken getuigen wij dat God Drie-in-één is:

In de naam van de Vader en van de Zoon en van de Heilige Geest.

Zo plaatsen we elke nieuwe dag van meet af aan onder de bescherming van de Drie-eenheid. Vervolgens zeggen we: "Eer aan u, onze God, eer aan u"; de nieuwe dag begint met lofprijzing, vreugde, dankbetoon. Dan volgt een gebed tot de Heilige Geest: "Koning van de hemel..."; vervolgens herhalen we driemaal:

Heilige God, Heilige Sterke,
Heilige Onsterfelijke,
Ontferm U over ons.

Dit driemaal "heilig" doet ons terugdenken aan de hymne "Heilig, Heilig, Heilig" die gezongen werd door de Serafijn in het visioen van Jesaja (Jes. 6,3) en door de vier dieren in de Apokalyps van de H. Johannes de Theoloog (Apok. 4,8). Dit driemaal herhaalde "heilig" is een aanroeping van de eeuwige Drie. In ons dagelijks gebed volgt daarop de meest geciteerde zin uit alle Liturgische gebeden: "Glorie aan de Vader en de Zoon en de Heilige Geest ..." Over dit zo vertrouwde gebed mogen we niet geringschattend denken. Telkens als we deze zin uitspreken, moeten we ons er goed van bewust zijn dat wij daardoor eer betuigen aan de Drie-eenheid. Dit Gloria wordt gevolgd door een ander gebed tot de drie Personen:

Alheilige Drie-eenheid, wees ons genadig.
Heer, wis onze zonden uit.
Meester, vergeef ons onze fouten.
Heilige, verzorg ons en genees onze zwakheden
omwille van Uw Naam.

Zo gaan onze dagelijkse gebeden verder. Impliciet of expliciet vinden we er telkens de structuur weer van de Drie-eenheid, een verkondiging van God als Eén-in-drie. De Drie-eenheid: wij denken, wij spreken, wij ademen de Drie-eenheid. Ook het meest geliefde Orthodoxe gebed van slechts één zinnetje, en dat zowel tijdens als na het werk als "schietgebed" wordt gebruikt, verwijst naar de

Drie-eenheid. Meestal luidt het als volgt:

*Heer Jezus Christus, Zoon van God,
ontferm U over mij, zondaar.*

Naar de uiterlijke vorm is dit een gebed tot de tweede Persoon van de Drie-eenheid, de Heer Jezus Christus. Maar ook de andere twee Personen zijn aanwezig, ofschoon ze niet met name genoemd worden. Want als wij over Jezus spreken als "Zoon van God", verwijzen wij naar zijn Vader; en ook de Heilige Geest ligt in ons gebed vervat, want "niemand kan zeggen 'Jezus is de Heer' tenzij in de Heilige Geest" (1 Kor. 12,3). Het Jezusgebed is niet alleen op Christus gericht maar op de Drie-eenheid.

De Drie-eenheid beleven

"Gebed is actie" (Tito Colliander). "Wat is een echt gebed? Een gebed dat niet veel woorden telt maar heel veel daden. Want wanneer uw daden uw smeekbeden niet overtreffen, dan zijn uw gebeden louter woorden en bevatten ze het zaad van de handen niet" *(Vadersspreuken)*.

Als gebed moet omgezet worden in actie, dan moet het geloof in de Drie-eenheid dat al onze gebeden bezielt, ook terug te vinden zijn in ons dagelijks leven. In de Eucharistische Liturgie zeggen we, vlak voor de Geloofsbelijdenis: "Laat ons elkander beminnen, opdat wij in eenheid mogen belijden: de Vader, de Zoon en de Heilige Geest, de éénwezenlijke en ondeelbare Drie-eenheid". Let op het woord "opdat". Slechts zij die, naar de gelijkenis van de Drie-eenheid, elkaar wederzijdse liefde betonen, kunnen echt hun geloof in de Drie-ene God belijden. Er is een essentieel verband tussen onze liefde voor elkaar en ons geloof in de Drie-eenheid: de eerste is een voorwaarde voor het tweede en het tweede geeft op zijn beurt volle kracht en betekenis aan de eerste.

Dus, in plaats van in een hoek geduwd te worden en behandeld als een stuk diepzinnige theologie die enkel specialisten interesseert, zou de leer van de Drie-eenheid een niet minder dan revolutionaire invloed op ons dagelijks leven moeten hebben. Gemaakt naar het beeld van de Drie-ene God, zijn wij mensen, geroepen om op aarde het mysterie van de wederzijdse liefde te bewerkstelligen, zoals de Drie-eenheid dat in de hemel doet. In het middeleeuwse Rusland wijdde de H. Sergej van Radonezh zijn nieuw gesticht monasterium aan de Heilige Drie-eenheid; zijn bedoeling was precies dat zijn monniken de liefde die bestaat tussen de drie goddelijke

Personen, ook elke dag voor elkaar zouden betonen. En dat is de roeping van alle mensen, niet alleen van de monniken. Elke sociale kern - familie, school, werkplaats, parochie, de universele Kerk - moet een Icoon van de Drie-eenheid worden. Omdat wij weten dat God Drie-in-één is, is elk van ons ertoe gehouden zich in en voor de anderen in opoffering dienstbaar te maken. Wij moeten, hoe dan ook, een leven leiden van daadwerkelijke hulp en actief medelijden. Ons geloof in de Drie-eenheid dwingt ons op elk gebied, van het meest persoonlijke tot het meest algemene, te strijden tegen elke vorm van verdrukking, onrechtvaardigheid en uitbuiting. Deze strijd voor sociale rechtvaardigheid en «mensenrechten» voeren we specifiek *in Naam van de Drie-eenheid.* "De meest perfecte regel van het Christendom, zijn exacte definitie, zijn hoogstreikende top is deze: te zoeken naar wat allen ten goede komt", zegt de H. Johannes Chrysostomos. "Ik kan niet geloven dat het voor een mens mogelijk is gered te worden, wanneer hij niet ijvert voor het heil van zijn buurman.." Dat zijn de praktische implicaties van het dogma van de Drie-eenheid. Dat is wat wij bedoelen met: *de Drie-eenheid beleven.*

Wij verheerlijken niet drie goden maar één Godheid. Wij eren de Personen die waarlijk Drie zijn, De Vader Die geen aanvang kent, De Zoon Die geboren is uit de Vader, De Heilige Geest Die voortkomt uit de Vader, Eén God in drie Personen:
En met echt geloof en diepe verering belijden wij elk van Hen als « God».

         Uit het Vastentriodion

Komt, volkeren, om de Driepersoonlijke Godheid te aanbidden:
De Vader, de Zoon en de Heilige Geest.
Want buiten alle tijd werd geboren uit de Vader
De mede-eeuwige en mede-tronende Zoon
En de Heilige Geest is in de Vader
En wordt verheerlijkt met de Zoon.
Eén macht, één wezen, één Godheid:
Wij allen aanbidden en zeggen:
Heilig zijt Gij, God Die door de Zoon alles geschapen hebt,
Tezamen met de energie van de H, Geest.
Heilig is de Sterke, door Wie wij de Vader mogen kennen,
En door Wie de Heilige Geest in de wereld gekomen is.
Heilig is de Onsterfelijke, de Geest, de Trooster,
Die voortkomt uit de Vader en Die rust in de Zoon.
Heilige Drie-eenheid, ere zij U.

      Uit de Vespers van het feest van Pinksteren

Ik prijs de Godheid, Eenheid in drie Personen,
Want de Vader is Licht,
De Zoon is Licht,
En de Heilige Geest is Licht.
Maar het Licht blijft onverdeeld,
Als één bundel van de enkelvoudige natuur,
Met de drie stralen van de drie Personen.

Uit het Vastentriodion

Liefde is het Koninkrijk dat God op mystieke wijze beloofde aan Zijn Leerlingen toen Hij zei dat zij zouden eten in Zijn rijk: "Om in Mijn Koninkrijk aan Mijn tafel te eten en te drinken" (Luc. 22,30). Wat zouden zij eten en drinken tenzij Liefde? Wanneer wij de liefde bereikt hebben, hebben wij God bereikt en onze reis is ten einde. Wij hebben voet aan wal gezet op het eiland dat buiten de wereld ligt, waar de Vader, de Zoon en de Heilige Geest zich bevinden: Hen zij alle eer en macht. Moge God ons waardig maken Hem te vrezen en te beminnen. Amen.

H. Isaac de Syriër

Hoezeer ik ook mijn best doe, ik kan geen grotere woorden vinden dan deze drie: "Hebt elkander lief", maar dan tot het einde toe en zonder uitzondering; dan is alles gerechtvaardigd en wordt het leven licht, terwijl het anders een gruwel en een last is.

Moeder Maria van Parijs

Een Kerk zonder liefde bestaat niet.

H. Johannes van Kronstadt

Geloof me, er is één waarheid die van de franjes van de staatsietroon tot de kleinste schaduw van het meest onbetekenende schepsel regeert en die waarheid heet: Liefde. Liefde is de bron van waaruit de heilige stromen van genade onophoudelijk neerstromen uit de stad van God, de aarde bevloeien en haar vruchtbaar maken. (Kolking roept kolking op)"watervloed roept tot watervloed" (is de vertaling volgens Klooster Den Haag) (Ps. 42,8): zoals een diepte of een ravijn, zo helpt' de liefde in haar oneindigheid ons het gevreesde beeld van de Godheid voor te stellen. Het is de Liefde die alle dingen vorm geeft en ze samen houdt, Het is de Liefde die leven en warmte geeft, die inspireert en leidt. De Liefde is het zegel dat op de schepping gedrukt is, de handtekening van de Schepper. De Liefde is de verklaring van Zijn schepping. Hoe kunnen wij Christus in onze harten laten inwonen? Hoe anders dan door de Liefde?

V. Theoklitos van Dionysiou

Schenk rust aan de vermoeiden, bezoek de zieken, steun de armen: ook dat is gebed.

Aphrahat

Wij moeten de lichamen van onze medemensen met meer zorg behandelen dan ons eigen lichaam. De christelijke liefde leert ons dat wij onze broeders niet alleen geestelijke maar ook materiële gaven moeten schenken. Zelfs ons laatste hemd, ons laatste stuk brood moeten we hen geven. Persoonlijke liefdadigheid en de meest omvattende sociale werken zijn beide even nuttig en noodzakelijk.

De weg naar God gaat langs de liefde voor onze medemensen en een andere weg is er niet. Bij het Laatste Oordeel zal mij niet gevraagd worden of mijn ascetische inspanningen met succes worden bekroond, noch hoe dikwijls ik mij ter aarde heb geworpen tijdens mijn gebeden. Mij zal gevraagd worden of ik de hongerigen heb gevoed, de naakten gekleed, de zieken en de gevangenen bezocht: dat zal mij gevraagd worden.

Moeder Maria van Parijs

Drie-eenheid, hoogste Wezenheid,
Eenheid Die geen begin hebt gekend,
De Scharen der Engelen zingen Uw lof, terwijl zij sidderend voor U staan.
Hemel, aarde en heel de afgrond huiveren voor Uw Aangezicht, alheilige Drie-eenheid.
De mensen zegenen U, Het vuur is Uw dienaar, Al het geschapene gehoorzaamt U vol ontzag.

Uit het Meneon van de grote feesten
(Metten van 8 september)

HOOFDSTUK 3

GOD ALS SCHEPPER

Een van de wijze mannen uit die tijd kwam naar de H. Antonius in de woestijn en zei: "Vader, hoe houdt ge het hier uit, zo zonder enige troost van boeken?" Antonius antwoordde: "Al het geschapene is mijn boek, filosoof, en op gelijk welk ogenblik kan ik er het werk van God in lezen."

Evagrius van Pontus

Besef dat er in uzelf, op kleinere schaal, een tweede heelal bestaat: in uzelf is er een zon, een maan en er zijn ook sterren.

Origenes

Kijk naar de Hemelen

De actrice Lillah McCarthy beschrijft hoe ze eens, toen ze pas door haar echtgenoot was verlaten, in grote ellende Bernard Shaw ging opzoeken:

Ik beefde. Shaw zat heel stil. Het vuur gaf me warmte... Hoelang we daar gezeten hebben weet ik niet, maar al meteen werd ik me ervan bewust dat ik aan 't wankelen was, met slepende stappen, naast Shaw.. . Adelphi Terrace op en neer. Het gewicht dat me drukte werd een beetje lichter en daar waren de verlossende tranen die tevoren nooit wilden komen... Hij liet mij huilen. Dan hoorde ik een stem waar al de zachtheid en de tederheid van de wereld in doorklonk: "Kijk eens, lieve, kijk eens naar de hemel. Er is méér in het leven dan dit. Veel meer."

Of Shaw nu in God geloofde of niet, hij wijst hier op iets dat fundamenteel is voor de geestelijke Weg. Hij bood

Lillah McCarthy geen zachte troostwoorden of hij beweerde niet dat haar verdriet licht om dragen zou zijn. Zijn raad was genuanceerder. Hij vroeg haar zich even los te maken uit haar eigen verdriet en de wereld te bekijken zoals zij is, vol wonderen en afwisseling, weer te beseffen dat die wereld bestaat. Deze raad is op elk van ons toepasselijk. Hoezeer ik mij ook gedrukt voel door mijn eigen angst of door die van anderen, nooit mag ik vergeten dat er méér is in deze wereld, veel meer.

De H. Johannes van Kronstadt zegt: "Het gebed is een toestand van voortdurende dankbaarheid. Indien ik mij niet verheug om Gods schepping, indien ik vergeet de wereld in dankbaarheid aan God terug te schenken, dan ben ik nog niet ver gevorderd op de Weg. Dan heb ik nog niet geleerd echt mens te zijn. Want slechts door dank te betuigen kan ik *mijzelf worden.* Blij dank zeggen is niet sentimenteel of onwerkelijk, maar integendeel zeer realistisch — echter met het realisme van iemand die weet dat *de wereld van God komt,* dat zij een goddelijke schepping is."

De Brug van Diamant

"Gij hebt ons uit het niets geschapen" (uit de Liturgie van de H. Johannes Chrysostomos). Hoe staat God tegenover de wereld die Hij geschapen heeft? Wat wordt er bedoeld met de woorden "uit het niets", *ex nihilo*? Waarom heeft God ons eigenlijk geschapen?

De woorden "uit het niets" betekenen in de eerste plaats dat God het heelal geschapen heeft *door een daad van Zijn vrije wil*. Niets verplichtte Hem ertoe te scheppen; Hij wilde het zelf. De wereld is niet toevallig of uit noodzaak geschapen; zij is niet iets dat automatisch voortkomt of voortvloeit uit God, maar zij is het gevolg van een goddelijke keuze.

Als niets God verplichtte te scheppen, waarom deed Hij het dan? In zoverre wij een dergelijke vraag kunnen beantwoorden, moeten wij zeggen: Gods drijfveer bij de schepping was Zijn Liefde. Eerder dan te zeggen dat Hij het heelal uit het niets gemaakt heeft, zouden we moeten zeggen dat het voortkomt uit Zijn eigen wezen dat Liefde is. We moeten ons God voorstellen, niet als degene Die maakt of vervaardigt, maar als degene Die bemint. De schepping is een daad, niet zozeer van Zijn vrije wil als wel van Zijn *vrije Liefde.* Beminnen betekent delen, zoals de leer van de Drie-eenheid ons zo duidelijk getoond heeft: God is niet één enkele Persoon maar Eén-in-drie, omdat Hij een communio is van Personen die in liefde met elkaar delen. Die kring van goddelijke liefde bleef echter niet gesloten. Gods liefde is in de letterlijke betekenis van woord "extatisch" - een liefde waardoor God uit zichzelf treedt en andere dingen dan Zichzelf schept. Uit vrije keuze heeft God de wereld geschapen in "extatische" liefde, zodat er naast Hem nog andere wezens zouden kunnen bestaan om aan Zijn Leven en Liefde te participeren.

God was niet gedwongen te scheppen, maar dat wil niet zeggen dat die scheppingsdrang ook maar enigermate toevallig of inconsequent zou zijn geweest. God *is* al wat Hij doet en zijn scheppingsdaad is dus niet iets dat losstaat van Hemzelf. In Gods hart en in Zijn liefde heeft elk van ons altijd bestaan. Van in alle eeuwigheid leefde ieder van ons als een idee of gedachte in Gods geest en voor ieder van ons heeft Hij van in alle eeuwigheid een speciaal en welbepaald plan. Voor Hem hebben wij altijd bestaan; de schepping betekent dat wij op een bepaald moment in de tijd ook voor onszelf zijn beginnen te bestaan.

De wereld die de vrucht is van Gods vrije Wil en vrije Liefde, is niet noodzakelijk, niet uit zichzelf bestaande, maar *contingent* en *afhankelijk*. Als geschapen wezens kunnen wij nooit alleen maar onszelf zijn; God is de kern van ons wezen, zoniet houden wij op te bestaan. Ons bestaan hangt op elk moment af van de liefhebbende wil van God. Het bestaan is altijd een *gave* van God, een vrije gave van Zijn liefde, een gave die nooit teruggevorderd wordt, maar niettemin een gave, niet iets dat we uit eigen kracht bezitten. Alleen God vindt de reden en de bron van Zijn bestaan in zichzelf; alle schepselen vinden de oorsprong van hun bestaan, niet in zichzelf maar in Hem. Alleen God komt uit Zichzelf voort; elk geschapen element ontspringt uit God, is geworteld in God en vindt in Hem zijn oorsprong en zijn voltooiing. Alleen God is een substantief; alle schepselen zijn adjectieven.

Wanneer wij zeggen dat God de Schepper van de wereld is, dan bedoelen wij niet enkel dat Hij door een eerste daad "in het begin" de zaken op gang heeft gebracht, waarna alles uit zichzelf verder ging functioneren. God is geen kosmische uurwerkmaker die het mechanisme opwindt en de klok dan zelf maar verder laat tikken. Integendeel, de schepping *gaat altijd voort*. Wanneer we in juiste termen over de schepping willen spreken, dan mag dat niet in de verleden tijd, maar in de tegenwoordige. We mogen niet zeggen: "God heeft de wereld gemaakt en mij er in geplaatst" maar: "God is *bezig de wereld te maken* met mij er in geplaatst, hier en nu, op dit ogenblik en voortdurend". De schepping is geen gebeurtenis uit het verleden maar een verhouding in het tegenwoordige. Indien God niet op elk ogenblik Zijn scheppende wil bleef uitoefenen, dan zou het heelal onmiddellijk in het niet-zijn verzinken: niets zou ook maar één seconde kunnen bestaan indien God het niet wilde. Zoals Metropoliet Filaret van Moskou zei: "Alle schepselen zijn door het scheppende woord van God als op een brug van diamant in evenwicht gebracht; boven hen bevindt zich de diepte van de goddelijke oneindigheid, beneden hen de afgrond van hun eigen nietigheid." Dit geldt zelfs voor Satan en de gevallen engelen in de hel: ook hun bestaan hangt af van de wil van God.

Het doel van de leer over de schepping is dus niet een chronologisch beginpunt aan de wereld toe te schrijven, maar wel te bevestigen dat het bestaan van de wereld nu en altijd afhankelijk is van God. Wanneer Genesis zegt: "In het begin schiep God de hemel en de aarde" (1,1) dan moeten we het woord "begin" niet louter opvatten als een tijdsbepaling maar als een bevestiging dat God de voortdurende oorzaak van alle dingen is en dat Hij deze in stand houdt.

Als Schepper is God dus altijd in het hart van alles aanwezig en Hij verzekert het voortbestaan ervan. Op het niveau van het wetenschappelijk onderzoek onderkennen wij processen of op elkaar volgende gebeurtenissen, te wijten aan oorzaak en gevolg. Op het niveau van onze spirituele visie, die de wetenschap niet tegenspreekt maar verder reikt dan deze, zien we overal de scheppende energieën van God die alles in stand houdt en de diepste wezenheid van alle dingen vormt. Maar hoewel God overal in de wereld aanwezig is, mogen we Hem toch niet met de wereld vereenzelvigen. Als Christenen belijden we geen pantheïsme maar wel "panentheïsme". God bevindt zich *in* maar ook *boven* en *verder dan* alle dingen. Hij is tegelijk "groter dan het grote" en "kleiner dan het kleine." De H. Gregorius Palamas zegt: "Hij is overal en nergens. Hij is alles en niets." Een cisterciënzer monnik van New Clairvaux drukte het zo uit: "God is in de kern, Hij doordringt de kern, Hij reikt verder dan de kern, Hij is dichter bij de kern dan de kern zelf."

"En God bezag alles wat Hij gemaakt had en Hij zag dat het heel goed was" (Gen. 1,31). De hele schepping is door de hand van God gemaakt. In hun innerlijke essentie zijn alle geschapen dingen «heel goed». De Christelijke Orthodoxie verwerpt het dualisme in zijn verschillende vormen: het radicale dualisme van de Manicheeërs die het bestaan van het kwaad toeschrijven aan een tweede macht, die in alle eeuwigheid naast de God van Liefde bestaat; het minder radicale dualisme van de gnostische Valentinianen die zeggen dat de orde van de materie en ook het menselijk lichaam ontstaan zijn ten gevolge van een pre-kosmische val; en het meer subtiele dualisme van Plato en zijn aanhangers die de materie niet als slecht maar als onwerkelijk beschouwen.

Tegenover het dualisme in al zijn vormen stelt het Christendom dat er een *summum bonum* is, een "hoogste goed" namelijk God Zelf, maar dat er geen *summum malum* kan zijn. Het kwade bestaat niet in alle eeuwigheid zoals God. In het begin was er alleen maar God: alles wat bestaat is door Hem geschapen, in de hemel of op de aarde, spiritueel of fysisch, en dus is alles in essentie goed.

Hoe moeten we het kwaad dan beschouwen? Aangezien alle geschapen dingen intrinsiek goed zijn, is zonde of kwaad geen "ding" op zich, geen bestaand iets. "Ik heb de zonde niet gezien", zegt Julian of Norwich in haar *Revelations,* "want ik geloof dat ze geen eigenlijke substantie bezit, noch deel heeft aan het zijn; men kan ze evenmin herkennen, tenzij door de pijn die ze veroorzaakt." "De zonde is niets" zegt de H. Augustinus. Evagrius merkt op: "In strikte zin bezit het kwade geen eigen substantie, maar betekent het de afwezigheid van het goede, zoals de duisternis niets anders is dan de afwezigheid van het licht." En de H. Gregorius van Nyssa bevestigt: "De zonde staat in wezen niet los van de vrije wil; uit zichzelf bestaat ze niet." "Zelfs de duivels zijn niet van nature slecht" zegt de H. Maximus de Belijder "maar zij worden het doordat zij hun natuurlijke krachten verkeerd gebruiken." Het kwade is altijd een parasiet. Het is het verdraaien en verkeerd gebruiken van wat in zichzelf goed is. Het kwade zit niet in de dingen zelf maar in onze houding tegenover de dingen, dat wil zeggen: in onze wil.

Het feit dat we het kwade als "niet-bestaande" beschouwen, zou de indruk kunnen wekken dat we zijn kracht en dynamiek onderschatten. Maar zoals C.S. Lewis opmerkte, dat "Niets" *is* heel sterk. Zeggen dat het kwade de perversie is van het goede en dus uiteindelijk een illusie en een onwerkelijkheid, betekent geen ontkenning van de krachtige greep die het op ons heeft. Want er bestaat in de schepping geen grotere kracht dan de vrije wil van de wezens die begiftigd zijn met zelfbewustzijn en geestelijk intellect; dus kan het verkeerd gebruik van die vrije wil verschrikkelijke gevolgen hebben.

De Mens als Lichaam, Ziel en Geest

Welke plaats bekleedt de mens in Gods schepping?

"Heel uw wezen, geest, ziel en lichaam, moge ongerept bewaard zijn bij de komst van onze Heer Jezus Christus" (1 Tess. 5,23). De H. Paulus vermeldt hier de drie aspecten of elementen die de menselijke persoon vormen. Ofschoon onderscheiden, zijn deze aspecten toch absoluut van elkaar afhankelijk; de mens is een volledige eenheid, niet de optelsom van scheidbare delen.

In de eerste plaats is daar het lichaam, "stof van de grond" (Gen. 2,7), het fysische of materiële aspect van de menselijke natuur.

In de tweede plaats hebben wij de ziel, de levenskracht die het lichaam activeert en "bezielt" en waardoor dat lichaam niet louter een hoop stof is, maar iets dat groeit en beweegt, voelt en waarneemt. Dieren hebben ook een ziel en planten misschien eveneens, maar bij de mens is die ziel begaafd met bewustzijn en rede; zij is in staat tot abstract denken en kan, uitgaande van premissen, door het discursief denken tot een besluit komen. Deze mogelijkheid bezitten dieren niet, of slechts in zeer beperkte mate.

In de derde plaats is er de geest, de "adem" van God (zie Gen. 2,7) die bij de dieren ontbreekt. We moeten goed onderscheid maken tussen "Geest" met een hoofdletter en "geest" met een kleine letter. Men mag de geschapen geest van de mens niet verwarren met de ongeschapen of Heilige Geest van God, de derde Persoon van de Drie-eenheid; toch zijn die twee innig met elkaar verbonden, want het is door zijn geest dat de mens God aanvoelt en met Hem in communio treedt.

Met zijn ziel (psyche) kan de mens wetenschappelijk of

filosofisch onderzoek doen en door de discursieve rede kan hij de gegevens analyseren die zijn zintuigen hem bezorgen. Met zijn geest (pneuma), die soms ook *nous* of geestelijk intellect wordt genoemd, begrijpt hij de eeuwige waarheid over God of over de logoi, de innerlijke essenties van al het geschapene, en dit zonder deductief redeneren maar door een direct begrip of een geestelijke waarneming, een soort intuïtie die de H. Isaac de Syriër een «eenvoudige cognitie» noemt. De geest of het spirituele intellect is dus iets anders dan het redeneervermogen of de esthetische bewogenheid van de mens en zij staat boven deze beide.

Omdat de mens een rationele ziel en een geestelijk intellect bezit, is hij in staat eigen beslissingen te nemen en beschikt hij over morele vrijheid: hij kan goed en kwaad onderscheiden en een keuze maken tussen beide. Terwijl dieren uit instinct handelen, kan de mens een vrije en bewuste beslissing nemen.

Soms beschouwen de Vaders de mens niet als een drieledig maar als een tweeledig wezen: een eenheid van lichaam en ziel. In dat geval zien zij de geest of het intellect als het hoogste aspect van de ziel. Maar het drievoudig onderscheid van lichaam, ziel en geest is preciezer en duidelijker, vooral in onze tijd waarin ziel en geest dikwijls verward worden en waarin de meeste mensen zich er zelfs niet van bewust zijn dat ze een geestelijk intellect bezitten. De cultuur en het opvoedingssysteem van het huidige Westen zijn bijna uitsluitend gericht op de ontwikkeling van het redenerende verstand en, in mindere mate, van het esthetisch aanvoelen. De meesten van ons zijn vergeten dat we niet alleen verstand en wil, zintuigen en gevoelens hebben, maar ook een geest. De moderne mens heeft in grote mate het contact verloren met het waarachtigste en hoogste deel van zichzelf; het resultaat van deze innerlijke vervreemding blijkt al te duidelijk uit zijn rusteloosheid, zijn identiteitsverlies en zijn gebrek aan hoop.

Microkosmos en Middelaar

Met zijn lichaam, ziel en geest, drie-in-één, bekleedt de mens een unieke plaats in de schepping.

Volgens het Orthodoxe wereldbeeld schiep God twee categorieën van wezens: ten eerste de "noëtische", "spirituele" of "geestelijke" wezens, en ten tweede de stoffelijke of lichamelijke. Tot de eerste groep behoren de engelen die geen stoffelijk lichaam bezitten. Tot de tweede groep behoort het fysische heelal: de melkweg, de sterren en de planeten met de verschillende soorten anorganisch, plantaardig en dierlijk leven. De mens, en alleen de mens, behoort tegelijk tot beide categorieën. Door zijn geest of sprituteel intellect maakt hij deel uit van het noëtische rijk en is hij een metgezel van de engelen; door zijn lichaam en zijn ziel beweegt hij zich, voelt en denkt, eet en drinkt, en zet voedsel om in energie; zo maakt hij organisch deel uit van het materiële dat langs zijn zintuigelijke percepties tot hem doordringt.

Onze menselijke natuur is dus complexer dan die van de engelen en zij beschikt over rijkere mogelijkheden. In dit licht gezien staat de mens niet lager maar hoger dan de engelen; zoals de Babylonische Talmoed zegt: «De rechtvaardigen zijn groter dan de dienende engelen» (*Sanhedrin 93* a). De mens bevindt zich in het hart van Gods schepping. Aangezien hij zowel tot het noëtische als tot het stoffelijke rijk behoort, is hij een beeld of spiegel van de hele schepping, *imago mundi*, een «klein universum» of microkosmos. Alle geschapen dingen vinden hun trefpunt in hem. De mens kan, met de woorden van Kathleen Raine, over zichzelf zeggen:

Omdat ik liefheb
Schenkt de zon haar stralen van zuiver goud
Giet ze goud en zilver uit over de zee...
Omdat ik liefheb
Worden de varens groen en groen het gras en
Groen
De met zonlicht doorpriemde bomen...
Omdat ik liefheb
Vloeit de rivier de hele nacht door in mijn slaap,
Tienduizend levende wezens slapen in mijn armen,
Zij waken terwijl zij slapen en rusten al bewegend.

Als microkosmos is de mens ook middelaar. God gaf hem de opdracht het rijk van het noëtische en dat van het stoffelijke met elkaar te verzoenen en in harmonie te brengen, er een eenheid van te maken, het stoffelijke te vergeestelijken en al de latente mogelijkheden van het geschapene zichtbaar te maken. Volgens het joodse Chassidisme is de mens geroepen om «van trede tot trede op te klimmen, totdat door hem alles één geworden is». Als microkosmos is de mens degene in wie de hele wereld bevat ligt; als middelaar is hij degene door wie de wereld opnieuw aan God wordt aangeboden.

De mens kan die bemiddelende rol slechts spelen omdat zijn menselijke natuur een essentiële, fundamentele eenheid vormt. Indien hij alleen een ziel was die tijdelijk in een lichaam verbleef, zoals vele Griekse en Indische wijsgeren dachten, indien zijn lichaam geen deel uitmaakte van zijn waarachtig ik, maar slechts een kleed was dat hij uitein delijk zou afleggen, of een gevangenis waaruit hij zou willen ontsnappen, dan zou de mens niet echt als middelaar kunnen optreden. De mens vergeestelijkt de schepping in de eerste plaats door zijn eigen lichaam te vergeestelijken en het aan God op te dragen. «Gij weet het, uw lichaam is een tempel van de Heilige Geest, die in u woont,» schrijft de H. Paulus. "...Eert God met uw lichaam ... En nu, broeders, smeek ik u, bij Gods erbarming, wijdt uzelf aan Hem toe als een levende, heilige offergave, die Hij kan aanvaarden" (1 Kor. 6, 19-20; Rom. 12,1). Maar door het lichaam te "vergeestelijken" wordt het niet van zijn stoffelijk karakter ontdaan; integendeel, het behoort tot de roeping van de mens het geestelijke in en door het stoffelijke uit te drukken. In die zin zijn de Christenen de enige echte materialisten.

Het lichaam is dus een essentieel deel van de menselijke persoonlijkheid. De scheiding van lichaam en ziel bij de dood is onnatuurlijk, iets dat indruist tegen het oorspronkelijke plan van God maar dat het gevolg is van de zondeval. Die scheiding is trouwens slechts tijdelijk: voorbij de dood kijken wij uit naar de uiteindelijke verrijzenis op de Laatste Dag, wanneer het lichaam en de ziel weer zullen herenigd worden.

Beeld en Gelijkenis

"De glorie van God is de mens", zegt de Talmoed (Derech Eretz Zutta 10,5) en de H. Ireneus zegt hetzelfde: "De glorie van God is een levende mens." De menselijke persoon vormt de kern en de bekroning van Gods schepping. De unieke positie van de mens in de kosmos is bovenal gelegen in het feit dat hij gemaakt is "naar het beeld en de gelijkenis" van God (Gen. 1,26). De mens is de eindige expressie van Gods oneindige Zelf-expressie.

Soms associëren de Griekse Vaders het goddelijk beeld of de "Icoon" in de mens met de totaliteit van zijn natuur, gezien als een drie-eenheid van geest, ziel en lichaam. Op andere momenten verbinden ze dit beeld meer specifiek met het hoogste in de mens: zijn geest of spiritueel intellect waardoor hij de kennis van God bereikt en de vereniging met Hem. Het beeld van God in de mens duidt fundamenteel alles aan wat hem van de dieren onderscheidt, wat hem in de volle en waarachtige betekenis van het woord tot persoon maakt, d.i. een moreel handelend wezen dat goed of kwaad kan doen, een geestelijk wezen met innerlijke vrijheid. Het aspect van de *vrije keuze* is bijzonder belangrijk om te begrijpen dat de mens gemaakt is naar Gods beeld. Zoals God vrij is, zo is ook de mens vrij. En omdat hij vrij is, realiseert elk menselijk wezen dit goddelijk beeld in zich op zijn eigen, specifieke manier. Menselijke wezens zijn geen onderling verwisselbare speelstukken of vervangbare onderdelen van een mechaniek. Omdat hij vrij is, is ieder mens uniek en omdat hij uniek is, is hij oneindig kostbaar. Het kwantitatieve telt hier niet: het is fout te denken dat één bepaald mens belangrijker is dan een andere of dat tien mensen noodzakelijkerwijze meer waarde hebben dan één. Dergelijke berekeningen zijn een belediging van de authentieke persoonlijkheid. Ieder mens is onvervangbaar en daarom moet ieder mens gezien worden als een doel op zichzelf en nooit als een middel om een verder gelegen doel te bereiken. Ieder mens moet beschouwd worden als een subject en niet als een object. Als we mensen vervelend of fantasieloos vinden, dan is dit omdat we niet doorgedrongen zijn tot de kern van de echte persoonlijkheid, noch in anderen noch in onszelf, want daar bestaan immers geen stereotiepen maar is iedere mens uniek.

Veel Griekse Vaders, hoewel niet alle, maken een onderscheid tussen het "beeld" van God en de "gelijkenis" van God. Zij die dit onderscheid maken, zien het beeld als de *mogelijkheid* die de mens heeft om te leven in God en de gelijkenis als de *realisatie* van die mogelijkheid. Het beeld is datgene wat de mens vanaf het begin bezit en wat hem in staat stelt de geestelijke Weg op te gaan; de gelijkenis is datgene wat hij hoopt te bereiken bij het einde van de tocht. Origenes zegt: "De mens werd vereerd met het beeld op het ogenblik dat hij werd geschapen, maar het ten volle bereiken van Gods gelijkenis zal hem pas op het einde der tijden gegeven worden." Alle mensen zijn geschapen naar het beeld van God; door hun verdorven levenswijze zal dit goddelijk beeld wel verduisterd en besmeurd worden, maar nooit zal het totaal verloren gaan. De gelijkenis echter wordt slechts ten volle bereikt door de gezegenden in het Hemelse Koninkrijk dat komen zal.

Volgens de H. Ireneus was de mens bij zijn schepping "als een kindje" dat naar zijn volmaaktheid toe moest groeien. Met andere woorden, op het ogenblik van zijn schepping was de mens onschuldig en bekwaam zich spiritueel te ontwikkelen (het "beeld"), maar deze ontwikkeling gebeurde niet onvermijdelijk of automatisch. De mens was geroepen samen te werken met Gods genade om zo, door een juist gebruik van zijn vrije wil, langzaam en geleidelijk aan volmaakt te worden in God (de "gelijkenis"). Hieruit blijkt dat het begrip "geschapen naar Gods beeld" in dynamische zin moet worden geïnterpreteerd eerder dan in statische. Dat betekent niet noodzakelijk dat de mens vanaf het begin begiftigd was met een totale perfectie, met de grootst mogelijke heiligheid en kennis, maar gewoon dat hij de kans kreeg te *groeien* naar een volledige gemeenschap met God. Het onderscheid beeld-gelijkenis impliceert natuurlijk niet in zichzelf het aanvaarden van een of andere "evolutietheorie", maar het is er ook niet absoluut mee in tegenspraak.

Het beeld en de gelijkenis duiden op een richtpunt, op een relatie. Philip Sherrard merkt op: "Het concept zelf van de mens houdt een relatie, een binding met God in. Wie de mens bevestigt, bevestigt ook God." Geloven dat de mens gemaakt is naar Gods beeld is geloven dat hij geschapen is om in communio en vereniging met God te leven en dat hij, die deze communio verwerpt, geen eigenlijke mens meer is. Zoiets als een "natuurlijke mens" los van God bestaat niet; wanneer de mens afgesneden is van God, bevindt hij zich in een hoogst onnatuurlijke toestand. De leer van het beeld betekent derhalve dat God de diepste kern van het menselijk wezen is. Het goddelijke is het bepalende element van ons menszijn; wanneer we onze zin voor het goddelijke verliezen, verliezen we ook onze zin voor het menselijke.

Dit wordt op frappante wijze bevestigd door wat er in het Westen gebeurd is sinds de Renaissance en nog duidelijker sinds de industriële revolutie. Een groeiende secularisatie ging gepaard met een toenemende ontaarding van de samenleving. Het duidelijkste voorbeeld daarvan vinden we in het leninistisch-stalinistische communisme zoals het bestaat in de Sovjet-Unie. Hier ging het ontkennen van God hand in hand met een wrede onderdrukking van de persoonlijke vrijheid van de mens. Dit hoeft ons niet in het minst te verbazen. De enige veilige basis voor een leer over de menselijke vrijheid en de menselijke waardigheid is het geloof dat elke mens geschapen is naar Gods beeld.

De mens is niet alleen geschapen naar het beeld van God maar meer bepaald naar het beeld van de *Drie-ene God*. Alles wat we tevoren gezegd hebben over het beleven van "de Drie-eenheid" wint nog aan kracht wanneer we het zien in het licht van de leer van het beeld. Aangezien het beeld van God in de mens een trinitair beeld is, volgt daaruit dat de mens, evenals God, zijn echte natuur slechts kan waarmaken door een leven van wederkerigheid. Het beeld betekent relatie met God maar ook met andere mensen. Juist zoals de drie goddelijke Personen in en voor elkaar leven, zo wordt de mens, gemaakt naar het beeld van de Drie-eenheid, een echte persoon door de wereld met andermans ogen te zien en door de vreugden en zorgen van de anderen tot de zijne te maken. Elk menselijk wezen is uniek maar tegelijk ook geschapen om, in het uniek-zijn, in communio te treden met anderen.

"Wij die geloven zouden alle gelovigen als één enkele persoon moeten zien... en we zouden bereid moeten zijn voor onze naaste ons leven te geven", zegt de H. Symeon de Nieuwe Theoloog. "Er is geen andere manier om gered te worden tenzij in onze naaste... Zuiverheid van hart betekent: medelijden te hebben met- en mild te staan tegenover zondaars of zieken" *(De Homilieën van de H. Macarius)*. "De ouderen zeiden vaak dat ieder van ons de ervaringen van zijn naaste als de zijne moest beschouwen. Wij moeten in alles lijden met onze naaste en met hem wenen; wij moeten ons gedragen alsof we ons in zijn lichaam bevinden; en als hij zorgen heeft, dan moeten wij daar evenzeer mee begaan zijn als ging het om onszelf" *(Vaderspreuken)*. Dit is allemaal waar, juist omdat de mens gemaakt is naar het beeld van de Drie-ene God.

Priester en Koning

Gemaakt als hij is naar het goddelijk beeld, tevens microkosmos en middelaar, is de mens de priester en de koning van de schepping. Hij kan, bewust en met opzet, twee dingen doen die dieren slechts onbewust en instinctief kunnen. In de eerste plaats is de mens in staat God *te loven en te prijzen om de wereld.* De mens wordt het best gedefinieerd, niet als een "logisch" maar wel als een "eucharistisch" dier. Niet alleen leeft hij in de wereld, denkt erover na en gebruikt deze, maar hij is eveneens in staat de wereld te zien als een gave Gods, als een Sacrament van Gods aanwezigheid en een middel om met Hem in communio te treden. Daarom kan hij die wereld met dankzegging terug aan God aanbieden: "Wij offeren U het Uwe, genomen uit het Uwe, namens alles en voor allen" (uit de Liturgie van de H. Johannes Chrysostomos).

In de tweede plaats is de mens in staat om, naast de tot God gerichte lofprijzing vanwege de wereld, deze laatste *om te vormen en te veranderen* en haar aldus een nieuwe zin te geven. V. Dumitru Staniloae verwoordt het zo: "De mens drukt het zegel van zijn begrip en zijn intellectuele arbeid op de schepping... De wereld is voor de mens niet enkel een geschenk maar ook een opdracht." Wij zijn geroepen om samen te werken met God; wij zijn, zoals de H. Paulus schreef "Gods medewerkers" (1 Kor. 3,9). De mens is niet alleen een logisch en eucharistisch dier maar hij is ook een creatief dier: aangezien de mens geschapen is naar het beeld van God, is hij ook schepper zoals God Schepper is. Hij vervult deze creatieve rol niet door meedogenloze kracht maar door een helder en spiritueel inzicht; zijn roeping is niet de natuur te overheersen en uit te buiten, maar ze te transfigureren en te heiligen.

Op tal van manieren - door het bewerken van de aarde, door dingen te maken, door boeken te schrijven en Iconen te schilderen - geeft de mens aan materiële dingen een stem en doet hij de schepping de lof van God verkondigen. Het is betekenisvol dat Adam als eerste taak kreeg de dieren een naam te geven (Gen. 2,19-20). Dit geven van namen is op zich al een creatieve daad: zolang we voor een bepaald voorwerp of een bepaalde ervaring geen naam hebben gevonden, een "onvervangbaar woord" dat zijn ware aard aanduidt, tot zolang kunnen we het niet begrijpen noch er gebruik van maken. Het is in die zin betekenisvol dat we in de Eucharistie de eerste vruchten van de aarde niet in hun oorspronkelijke vorm aan God aanbieden maar in een vorm die door mensenhanden gemaakt is: we brengen geen korenschoven naar het altaar maar broden, geen druiventrossen maar wijn.

De mens is dus priester van de schepping omdat hij in staat is dank te zeggen en de schepping terug te geven aan God ; en hij is koning van de schepping omdat hij haar kan kneden en omvormen, dingen kan samenvoegen en wijzigen. Deze hiëratische en koninklijke functie wordt prachtig beschreven door de H. Leontius van Cyprus:

In de hemel, de aarde en de zee, in hout en steen, in heel de zichtbare en onzichtbare schepping vereer ik de Schepper en Meester en Maker van alles. Want de schepping looft de Maker niet op directe wijze, noch uit zichzelf, maar het is door mij dat de hemelen de glorie van God verkondigen; door mij eert de maan Hem, door mij verheerlijken de sterren Hem, door mij loven het water en de regenbuien, de dauw en heel de schepping God en brengen zij Hem lof.

Gelijkaardige ideeën vinden we bij Abraham Yaakov van

Sadagora, een leermeester van het Chassidisme:

Alle schepselen en planten bieden zichzelf aan de mens aan, maar door de mens worden zij aan God geofferd. Wanneer de mens zichzelf zuivert en heiligt in al zijn ledematen als offerande aan God, dan zuivert en heiligt hij alle schepselen.

Het Innerlijke Koninkrijk

"Zalig de reinen van hart, wat zij zullen God zien" (Mt. 5,8). Geschapen naar Gods beeld is de mens een spiegel van het goddelijke. Hij kent God omdat hij zichzelf kent: wanneer hij inkeert tot zichzelf, ziet hij God weerspiegeld in de zuiverheid van zijn eigen hart. De leer over de schepping van de mens naar het beeld van God houdt in, dat er in ieder mens - in zijn diepste en waarachtigste innerlijk, dat vaak "de diepte van het hart" of "de bodem van de ziel" wordt genoemd - een punt bestaat van directe ontmoeting en vereniging met de Ongeschapene. "Het rijk Gods is midden onder u" (Luc. 17,21).

Dit zoeken naar het innerlijke koninkrijk is een van de hoofdthema's in al de geschriften van de Vaders. De H. Clemens van Alexandrië zegt: "Het belangrijkste is zichzelf te kennen; want als iemand zichzelf kent, zal hij God kennen; en wanneer hij God kent, dan zal hij worden zoals God." De H. Basilius de Grote schrijft: "Wanneer het verstand niet langer verspild wordt aan uiterlijke dingen of versnipperd wordt over de wereld door de zintuigen, dan keert het terug tot zichzelf; en door zichzelf klimt het op tot het bezigzijn met God". "Hij die zichzelf kent, kent alles", zegt de H. Isaac de Syriër, en elders schrijft hij:

"Leef in vrede met uw eigen ziel; dan zullen de hemel en de aarde

in vrede leven met u. Treedt met vurigheid binnen in de schatkamer die zich binnen in u bevindt en ge zult zien wat er in de hemel is, want er is slechts een enkele toegang tot beide. De ladder die naar het koninkrijk leidt, is verborgen in uw ziel. Vlucht de zonde, daal af in uzelf en in uw ziel zult ge de trappen vinden waarlangs ge kunt opklimmen. "

Aan deze passages kunnen we het getuigenis toevoegen van Thomas Merton, een Westers schrijver uit onze tijd:

In het centrum van ons wezen is er een nulpunt, onaangeraakt door zonde of illusie, een punt van zuivere waarheid, een punt of vonk die helemaal aan God toebehoort en niet aan ons, en van waaruit God over ons leven beschikt, onbereikbaar als dat is voor de fantasieën van onze geest of de agressies van onze eigen wil. Dit kleine punt van nietigheid en absolute armoede *is de zuivere glorie van God in ons. Het is om zo te zeggen Zijn Naam die in ons geschreven staat, in onze armoede, in ons gebrek, in onze afhankelijkheid, in ons zoon-zijn. Het is als een zuivere diamant die schittert in het onzichtbare licht van de hemel. Het zit in elke mens en indien we het konden zien, dan zouden we merken hoe deze biljoenen lichtpunten samensmelten in het gelaat en de schittering van een zon die al de duisternis en de wreedheid van het leven volledig zou doen verdwijnen... De poort van de hemel is overal aanwezig.*

Vlucht de zonde, zegt de H. Isaac met nadruk; deze drie woorden zouden we heel goed moeten onthouden. Als we Gods gelaat in ons weerspiegeld willen zien, dan moeten we die spiegel schoonmaken. Zonder berouw bestaat er geen zelfkennis en kunnen we het innerlijke koninkrijk niet ontdekken. Wanneer mij gezegd wordt: "Keer terug tot uzelf, ken uzelf", dan moet ik mij afvragen: "Wie ben ik? Welk is mijn echte wezen?" De psychoanalyse leert ons een beeldtype van onszelf, maar al te vaak leidt dit ons niet naar de "ladder die tot het koninkrijk voert" maar naar de "trap die afdaalt naar een vochtige kelder vol slangen". "Ken uzelf" betekent: "Weet dat gij uit God voortkomt, in God geworteld zijt: ken uzelf in God". Vanuit het standpunt van de Orthodoxe spirituele traditie moeten wij er de nadruk op leggen dat we onze ware aard "naar het beeld" niet zullen ontdekken, indien ons valse, gevallen zelfbeeld niet eerst sterft. "Maar wie zijn leven verliest om Mijnentwil, zal het vinden" (Mat. 16,25); alleen hij die zijn valse aard ziet zoals hij is en die verwerpt, zal zijn ware aard ontdekken, zal zichzelf zien zoals God hem ziet. De H. Barsanuphius onderstreept dit onderscheid tussen het valse en het ware zelfbeeld wanneer hij zegt: "Vergeet uzelf en ken uzelf".

Het Kwaad, het Lijden en de Val van de Mens

In Dostojevski's grootste roman *De gebroeders Karamazov* daagt Ivan zijn broer uit: "Veronderstel dat je het gebouw van het menselijk lot aan het optrekken bent met de bedoeling uiteindelijk iedereen gelukkig te maken en rust en vrede te geven, maar dat je daarvoor één klein wezentje zou moeten pijnigen... en je gebouw zou moeten grondvesten op zijn tranen - zou je op die voorwaarde je gebouw willen oprichten?" "Neen, dat zou ik niet aanvaarden", antwoordt Aljosha. En indien wij dat niet zouden willen, waarom God dan blijkbaar wel?

Somerset Maughan vertelt ons dat hij, na een kindje langzaam te hebben zien sterven aan meningitis, niet langer kon geloven in een God van liefde. Anderen hebben hun man of vrouw, kind of ouder, in een totale depressie zien geraken: in de hele wereld van het lijden is er wellicht niets erger om aan te zien dan een mens die lijdt aan chronische melancholie. Wat is ons antwoord? Hoe kunnen wij het geloof in een liefhebbende God, Die alles geschapen heeft en zag dat het "zeer goed" was, rijmen met het bestaan van pijn, zonde en kwaad?

We moeten onmiddellijk toegeven dat hier geen eenvoudig antwoord noch een voor de hand liggende verzoening van tegengestelde gegevens mogelijk is. Pijn en kwaad zijn voor ons onmeetbare begrippen. Ons eigen lijden en dat van anderen is een ervaring die we moeten doormaken en niet een theoretisch probleem dat we kunnen oplossen door er een verklaring voor te geven. Indien er al een verklaring is, dan is die toch niet in woorden te vatten. Lijden kan niet «gerechtvaardigd» worden, maar het kan verwerkt, aanvaard en, door dit aanvaarden, getransfigureerd worden. Nikolaj Berdjajev zegt: "De paradox van lijden en kwaad wordt opgelost in het ervaren van medelijden en liefde."

Ofschoon we terecht sceptisch staan tegenover elke gemakkelijke oplossing van het "probleem van het kwaad", kunnen we in het relaas van Genesis - of we dat nu letterlijk of figuurlijk interpreteren – toch twee vitale wegwijzers vinden, die we aandachtig moeten lezen.

Het verhaal van Genesis spreekt in de eerste plaats over de "slang" (3,1) d.w.z. de duivel, de eerste onder de engelen die zich van God afkeerde naar de hel van zijn eigen wil. Er was een dubbele val: eerst die van de engelen en dan die van de mens. Voor de Orthodoxen is de val van de engelen geen schilderachtige legende maar een geestelijke waarheid. Vóór de schepping van de mens gingen, binnen het rijk van het noëtische, de wegen reeds uit elkaar: sommige engelen bleven gehoorzaam aan God, andere verwierpen Hem. Omtrent deze "oorlog in de hemel" (Apok, 12,7) vinden we in de Schrift slechts vage verwijzingen; er wordt ons niet in detail verteld wat er gebeurd is en we weten nog minder welke plannen God had voor een mogelijke verzoening in het rijk der geesten of hoe de duivel, indien enigszins mogelijk, verlost zou kunnen worden. Misschien is de duivel niet zo zwart als hij gewoonlijk wordt afgeschilderd, o.m. in het eerste hoofdstuk van het boek van Job. Op dit ogenblik van ons aardse bestaan is Satan onze vijand; maar Satan staat ook rechtstreeks in relatie met God en daarover weten we totaal niets en moeten we ook niet gaan speculeren. Laten we ons bezighouden met onze eigen zaken.

Er zijn echter drie punten die ons wel degelijk aangaan wanneer we het probleem van het lijden willen begrijpen. Ten eerste: naast het kwaad waarvoor wij, mensen, persoonlijk de verantwoordelijkheid dragen, zijn er in het heelal enorm sterke krachten aan het werk die het kwade willen. Deze krachten zijn, ofschoon niet menselijk, toch persoonlijk. Het bestaan van deze duivelse machten is geen hypothese of legende maar voor velen van ons, helaas, een kwestie van directe ervaring. Ten tweede: het bestaan van gevallen, geestelijke krachten helpt ons te begrijpen waarom er wanorde, woestenij en wreedheid in de natuur bestonden nog vóór de schepping van de mens. Ten derde: de opstand van de engelen maakt het overduidelijk dat het kwaad niet beneden zijn oorsprong vindt maar boven, niet in de materie maar in de geest. Het kwaad als dusdanig bestaat niet, zoals we vroeger reeds benadrukt hebben (zie blz. 55); het is geen bestaand wezen of ding, maar een verkeerde houding tegenover iets wat in zich goed is. De bron van het kwaad ligt dus in de vrije *wil* van geestelijke wezens die in staat zijn een morele keuze te maken, maar die deze keuzemogelijkheid verkeerd gebruiken.

Tot daar wat betreft onze eerste wegwijzer, de zinspeling op de "slang". Maar (en dit is onze tweede wegwijzer) het verhaal van Genesis toont duidelijk aan dat de mens, hoewel hij tot leven kwam in een wereld die reeds belast was met de val van de engelen, daardoor geenszins tot zonde gedwongen werd. Eva werd bekoord door de "slang" maar het stond haar vrij haar voorstel af te wijzen. Haar en Adams "erfzonde" bestond erin dat zij een *bewuste* daad van ongehoorzaamheid stelden, een welbewust afwijzen van Gods liefde, een zich *uit vrije wil* afkeren van God naar zichzelf (Gen. 3, 2-3-11).

Het feit dat de mens een vrije wil bezit en deze kan gebruiken, betekent geenszins een volledige verklaring van ons probleem maar is tenminste de aanzet tot een antwoord. Waarom heeft God de engelen en de mens toegelaten te zondigen? Waarom laat God kwaad en lijden toe? Wij antwoorden: omdat Hij een God van Liefde is. Liefde impliceert participatie maar impliceert ook vrijheid. Als een Drie-eenheid van Liefde wilde God zijn leven delen met personen die geschapen waren naar zijn beeld, die in staat zouden zijn vrijwillig en graag met Hem tot een liefdesrelatie te komen. *Waar geen vrijheid is, kan ook geen liefde bestaan.* Dwang sluit liefde uit; zoals Paul Evdokimov zei: "God kan alles, behalve ons dwingen Hem lief te hebben." God Die zijn liefde wilde delen, schiep dus geen robots die hem automatisch zouden gehoorzamen, maar mensen die vrij konden kiezen. Dat hield voor God, om het antropomorfisch uit te drukken, een risico in, want zijn gave van vrijheid hield ook de mogelijkheid tot zonde in. Maar wie niet waagt, die bemint niet.

Zonder vrijheid zou er geen zonde zijn. Maar zonder

vrijheid zou de mens ook niet het beeld van God zijn; zonder vrijheid zou de mens niet in staat zijn een liefdesrelatie met God aan te gaan, in communio te treden met Hem.

Gevolgen van de Val

Ofschoon geschapen om in gemeenschap te treden met de Heilige Drie-eenheid, geroepen om in liefde te groeien van het goddelijk beeld naar de goddelijke gelijkenis, koos de mens een pad dat niet opwaarts maar neerwaarts leidde. Hij verwierp de relatie met God Die zijn ware essentie is. In plaats van op te treden als middelaar en middelpunt van eenmaking, bracht hij scheiding: scheiding binnenin hemzelf, scheiding tussen hemzelf en de andere mensen, scheiding tussen hemzelf en de natuur. Hij, aan wie God de gave van vrijheid had toevertrouwd, onthield die vrijheid systematisch aan zijn medemensen. Gezegend met de kracht de wereld om te vormen en er een nieuwe betekenis aan te geven, misbruikte hij die kracht om er lelijke en vernietigende werktuigen mee te maken. De gevolgen van dit misbruik zijn nu, vooral sinds de industriële revolutie, afschuwelijk duidelijk geworden in de snel voortschrijdende vervuiling van het milieu.

De "erfzonde" van de mens, het zich afkeren van God naar zichzelf, betekende in de eerste plaats dat hij de wereld en de andere mensen niet langer in eucharistisch perspectief zag, als een sacrament van communio met God. Hij beschouwde ze niet langer als een gave, die in dankbaarheid aan de Schepper moest teruggegeven worden, maar begon ze als zijn eigen bezit te behandelen dat hij kon vastgrijpen, uitbuiten en verslinden. Zo vroeg hij zich niet meer af hoe andere mensen en dingen in zichzelf en in God waren, maar enkel welk plezier en welke voldoening ze hem konden geven. Het resultaat hiervan was dat hij verstrikt raakte in de vicieuze cirkel van zijn eigen wellust, die steeds maar hongeriger werd naarmate hij meer bevredigd was. De wereld hield op doorzichtig te zijn - een venster waardoor hij naar God keek - en werd ondoorzichtig; hij was niet langer levengevend maar werd onderworpen aan corruptie en sterfelijkheid. "Want gij zijt stof en tot stof zult gij wederkeren" (Gen. 3,19). Dat geldt voor de gevallen mens en voor elk schepsel van het ogenblik af dat zij afgesneden zijn van de enige bron van leven, God zelf.

De gevolgen van de zondeval waren zowel fysiek als moreel. Op fysiek vlak werden de mensen onderworpen aan pijn en ziekte, aan de zwakte en de lichamelijke aftakeling van de ouderdom. De vreugde van de vrouw die nieuw leven voortbrengt, ging voortaan gepaard met de pijn van de geboorte (Gen. 3,16). Niets van dat alles maakte deel uit van Gods oorspronkelijke plan voor het mensdom. Ten gevolge van de val werden mannen en vrouwen bovendien nog onderworpen aan de scheiding van lichaam en ziel bij de fysieke dood. Toch zouden we de fysieke dood niet in de eerste plaats moeten beschouwen als een straf, maar als een middel tot verlossing ons aangereikt door een liefhebbende God. In zijn barmhartigheid wilde God niet dat de mens voor immer in een gevallen wereld zou blijven leven, voor eeuwig gevangen in de vicieuze cirkel van zijn eigen scheiding; daarom voorzag Hij een weg om eraan te ontsnappen. Want de dood is niet het einde van het leven maar het begin van een nieuw leven. Over de fysieke dood heen, gaat onze verwachting naar de komende hereniging van lichaam en ziel bij de algemene opstanding op de Laatste Dag. Wanneer God ons lichaam en onze ziel scheidt bij de dood, dan handelt Hij als een pottenbakker: wanneer de schotel op zijn schijf lelijk wordt en misvormd, dan breekt hij de klei in stukken om er een nieuwe vorm aan te geven (vergelijk Jer. 18, 1-6). Dit wordt benadrukt in de Orthodoxe rouwdienst:

Gij hebt mij eens geschapen uit het niets,
en mij waardig geacht uw Icoon te zijn.
Maar nu moet ik om de overtreding van het gebod
terugkeren tot de aarde, waaruit ik genomen was.
Breng die gelijkenis weer in mij terug,
en hervorm mij tot de oorspronkelijke schoonheid.

Op het morele vlak werden de mensen, ten gevolge van de val, onderworpen aan frustratie, verveling en depressie. De arbeid die voor de mens een bron van vreugde had moeten zijn en een middel tot communio met God, werd nu meestal als een verplichting ervaren "in het zweet des aanschijns"(Gen. 3,19). En dit was niet alles. De mens werd het slachtoffer van innerlijke vervreemding: verzwakt in zijn wil, verdeeld binnenin zichzelf, werd hij zijn eigen vijand en beul. Zoals de H. Paulus zegt: "Ik ben mij bewust dat er in mij, dat wil zeggen in mijn vlees, niets goeds woont. De goede wil ligt binnen mijn bereik, maar niet de goede daad. Ik doe niet het goede dat ik wil, maar het kwade dat ik niet wil... Rampzalige mens die ik ben! Wie zal mij redden?" (Rom. 7, 18-19-24). De H. Paulus zegt hier niet alleen dat er binnenin ons een conflict bestaat tussen goed en kwaad. Hij zegt ook dat wij ons al te dikwijls moreel verlamd voelen: we verlangen oprecht het goede te doen maar wij bevinden ons als gevangen in een toestand waar *elke* keuze tot het kwade leidt. En ieder van ons weet uit persoonlijke ervaring wat de H. Paulus bedoelt!

De H. Paulus zegt echter: "Ik weet dat er in mijn *vlees* niets goeds woont. Onze ascetische strijd is gericht tegen het vlees, niet tegen het lichaam als dusdanig. "Vlees" is niet hetzelfde als "lichaam". De term vlees, zoals die in de aangehaalde passage gebruikt wordt, duidt alles aan wat zondig is in ons en in tegenstrijd met God; zo is niet alleen het lichaam maar ook de ziel van de gevallen mens vleselijk en zinnelijk geworden. We moeten het vlees haten, maar niet het lichaam dat het werk is van Gods handen en de tempel van de Heilige Geest. Ascetische zelfverloochening is dus een strijd tegen het vlees maar voor het lichaam. V. Serge Bulgakov zei vaak: "Doodt het vlees om het lichaam te verwerven." Ascese is niet zichzelf tot slaaf maken maar de weg naar de vrijheid. De mens is een verward netwerk van tegenstrijdigheden: alleen door de ascese kan hij weer spontaan worden.

Ascese, begrepen in de zin van strijd tegen het vlees, tegen het zondige, gevallen aspect van zichzelf, is duidelijk iets dat van elke Christen verlangd wordt en niet alleen van hen die kloostergeloften afgelegd hebben. We moeten de kloosterroeping en de roeping tot het huwelijk - de ontkennende en de bevestigende manier - zien als parallel en elkaar aanvullend. De monnik of de moniale zijn geen dualist maar, in dezelfde mate als de gehuwde Christen, trachten zij de intrinsieke goedheid van de materiële schepping en van het menselijk lichaam te verkondigen; en door hetzelfde teken wordt de gehuwde Christen opgeroepen tot ascese. Het verschil ligt enkel in de uiterlijke omstandigheden waaronder de ascetische strijd gevoerd wordt. Ze zijn beiden asceet maar beiden ook materialist (in de echte christelijke betekenis van het woord). Ze zijn beiden tegen de zonde en voor de wereld.

Zonder de gevolgen van de val te willen minimaliseren, gelooft de Orthodoxe Traditie toch niet dat deze resulteerde in een «totale verdorvenheid», zoals de Calvinisten het wel eens pessimistisch uitdrukken. Het goddelijk beeld in de mens werd verduisterd maar niet uitgewist. Zijn vrije wil werd beperkt in zijn mogelijkheden maar niet vernietigd. Zelfs in een gevallen wereld is de mens nog steeds in staat tot milde zelfopoffering en liefdevol medelijden. Zelfs in een gevallen wereld behoudt de mens nog enige kennis van God en kan hij door de genade met Hem in communio treden. Er zijn veel Heiligen in het Oude Testament, mannen en vrouwen als Abraham en Sarah, Jozef en Moses, Elia en Jeremia; en buiten het Uitverkoren Volk van Israël zijn er personen als Socrates die de waarheid niet alleen verkondigden maar ze ook beleefden. Toch blijft het waar dat de menselijke zonde - de erfzonde van Adam waaraan de persoonlijke zonden van elke volgende generatie toegevoegd zijn - tussen God en de mens een kloof heeft geschapen die de mens niet uit eigen kracht kan overbruggen.

Niemand valt alleen

Volgens de Orthodoxe Traditie treft Adams erfzonde dus het hele mensdom en heeft zij gevolgen zowel op fysiek als op moreel vlak: zij heeft niet alleen ziekte en de fysieke dood maar ook morele zwakte en verlamming tot gevolg. Maar houdt dit ook een overgeërfde *schuld* in? Hier is de Orthodoxe leer voorzichtiger. We mogen de erfzonde niet in juridische of quasi-biologische zin interpreteren, alsof het een of andere fysieke "schandvlek" zou zijn die door seksueel verkeer kan doorgegeven worden. Dit beeld dat meestal het Augustijnse standpunt wordt genoemd, is voor de Orthodoxen onaanvaardbaar. De leer van de erfzonde betekent veeleer dat wij geboren worden in een omgeving waarin het gemakkelijk is om kwaad te doen en moeilijk om goed te doen; gemakkelijk om iemands argwaan op te wekken en moeilijk om zijn vertrouwen te winnen; gemakkelijk om anderen te kwetsen en moeilijk om hun wonden te helen. Het betekent dat ieder van ons bepaald wordt door de solidariteit van het menselijk ras dat steeds maar slecht- handelen en slecht- denken opstapelt, waaruit slecht-zijn voortkomt. En aan die opeenstapeling van kwaad voegen wij zelf onze eigen bewuste zondige daden toe. De kloof wordt dieper en dieper.

In deze solidariteit van het mensdom vinden wij een verklaring voor de schijnbare onjuistheid van de leer van de erfzonde. Waarom, vragen wij ons af, zou het hele mensdom moeten boeten voor de val van Adam? Waarom moet iedereen gestraft worden voor de zonde van één man? Het antwoord is dat mensen, gemaakt naar het beeld van de Trinitaire God, van elkaar afhankelijk en onlosmakelijk met elkaar verbonden zijn. Niemand is een eiland. Wij zijn "ledematen van elkaar" (Ef. 4,25) en dus heeft elke daad die door een lid van het mensdom gesteld wordt, onvermijdelijk gevolgen voor de andere leden. Hoewel we in strikte zin geen *schuld* hebben aan de zonde van de anderen, zijn we er toch altijd op een of andere manier *bij betrokken*.

"Wanneer iemand valt", zegt Aleksej Khomiakov "dan valt hij alleen, maar niemand wordt alleen gered." Zou hij niet beter gezegd hebben dat ook niemand alleen valt? De

Starets Zosima in *De gebroeders Karamazov* van Dostojevski komt dichter bij de waarheid wanneer hij zegt dat elk van ons "voor alles en voor allen verantwoordelijk is":

Er is slechts één manier om gered te worden, namelijk wanneer je jezelf verantwoordelijk stelt voor de zonden van alle mensen. Wanneer je jezelf in alle oprechtheid verantwoordelijk stelt voor alles en voor iedereen, dan zul je onmiddellijk merken dat dit inderdaad zo is en dat jij in feite moet worden gelaakt voor alles en voor allen.

Een Lijdende God?

Doet onze zonde Gods hart verdriet? Lijdt Hij wanneer wij lijden? Hebben wij het recht om tot een man of een vrouw die lijdt te zeggen: "God zelf ondergaat *op dit eigenste ogenblik* wat gij ondergaat en Hij komt het te boven?"

In hun bezorgdheid om de goddelijke transcendentie te vrijwaren, hebben de vroege Griekse en Latijnse Vaders de nadruk gelegd op Gods "onvatbaarheid voor lijden". Strikt genomen betekent dit dat de mens-geworden God kan lijden en dat inderdaad ook doet, maar God in Zichzelf niet. Zouden we er, zonder deze patristische leer te willen verloochenen, niet iets aan toe moeten voegen? In het Oude Testament wordt, lang vóór de Incarnatie van Christus, over God gezegd: "Toen kon Jahweh de ellende van Israël niet langer aanzien"(Re. 10,16). Elders in het Oude Testament worden God dergelijke woorden in de mond gelegd: "Is dan mijn zoon Efraïm Mij zo lief en dierbaar dat Ik na ieder hard woord toch aan hem blijf denken en zo met hem meevoel, dat Ik weer medelijden krijg?"(Jer. 31,20). "Hoe zou ik u kunnen prijsgeven,

Efraïm, u kunnen overleveren, Israël? Mijn hart slaat om, heel Mijn binnenste wordt week" (Hos. 11,8).

Als deze passages een betekenis hebben, dan moet het wel deze zijn dat, zelfs vóór de Incarnatie, God Zich onmiddellijk betrokken voelt bij het lijden van Zijn schepping. Onze zorgen doen God verdriet; de tranen van God voegen zich bij die van de mens. Een juist begrip van de apophatische benaderingswijze zal er ons natuurlijk voor behoeden God zomaar menselijke gevoelens toe te schrijven. Maar dit mogen we toch bevestigen: "De liefde maakt andermans lijden tot het hare", zoals staat in *The Book of the Poor in Spirit*. Als dit waar is voor de menselijke liefde, dan geldt het zeker voor de goddelijke liefde. Aangezien God Liefde is en Hij de wereld geschapen heeft als een liefdedaad — aangezien God Persoonlijk is en persoonlijkheid medeleven impliceert, kan Hij niet onverschillig blijven tegenover de zorgen van de gevallen wereld. Als ik als mens onberoerd blijf door iemands angst, in hoeverre hou ik dan echt van hem? Hoe zou God dan niet begaan zijn met de angst van Zijn schepping?

Men heeft terecht gezegd dat er een Kruis stond in het hart van God vóór er een geplant was buiten Jerusalem; en hoewel het houten Kruis neergehaald is, bestaat het Kruis in het hart van God nog steeds. Het is het Kruis van pijn en overwinning, beide tegelijk. En zij die dit kunnen geloven, zullen ondervinden dat er in hun beker van lijden ook vreugde zit. Zij zullen op menselijk vlak delen in de goddelijke ervaring van het zegevierend lijden.

Gij die Uw hoogten met wateren bedekt,
Die het zand hebt gesteld tot een grens voor de zee,
en Die alles in stand houdt:
De zon zingt Uw lof,
De maan brengt U eer,
Elk schepsel draagt een hymne op aan U,
Als Zijn Oorsprong en Schepper, voor eeuwig.
Uit het Vastentriodion

Groot zijt Gij, o Heer en heerlijk zijn Uw werken,
en niemand is in staat Uw wonderen te bezingen.
Want door Uw wil hebt Gij alles uit het niets tot het zijn geroepen.
Door Uw macht houdt Gij heel de schepping in stand,
en door Uw voorzienigheid bestuurt Gij de wereld.
Gij hebt uit de elementen heel de schepping samengesteld,
en met de jaargetijden kroont Gij de krans van het jaar.
Voor U beven de geestelijke Machten

en voor U zingt de zon.
U verheerlijkt de maan
en tot U smeken de sterren.
Aan U gehoorzaamt het licht
en voor U sidderen de afgronden.
U dienen de bronnen,
en de hemel hebt Gij uitgespannen als een tent.
Gij bevestigt de aarde op de wateren,
Gij hebt de zee door zand omringd
en daarover de lucht uitgebreid
om ons te doen ademen.
De machten der Engelen dienen U,
en de koren der Aartsengelen aanbidden U.
De Cherubijnen, veel-ogig, en de Serafijnen met zes vleugels
die rond U staan, bedekken hun gelaat uit vreze voor
Uw ontoegankelijke heerlijkheid.
Opdat door de elementen, door de Engelen en door de mensen,
door alle zichtbare en onzichtbare schepselen,
Uw alheilige Naam verheerlijkt worde, tezamen
met de Vader en de Heilige Geest, nu en altijd
en in de eeuwen der eeuwen. Amen.

Gebed bij de grote Waterwijding
(Feest van de Theofanie)

Het risico dat God nam en dat inherent was aan de beslissing wezens te scheppen naar Zijn beeld en Zijn gelijkenis, is het toppunt van almacht of liever nog, het overtreft dat toppunt door een vrijwillig aanvaarde machteloosheid. Want "de zwakheid van God is sterker dan de mensen" (I Kor. 1,25).

Vladimir Lossky

Het heelal is de wijngaard door God aan de mensen geschonken. «Alle dingen bestaan om onzentwille en niet omgekeerd» zegt de

H. Johannes Chrysostomos. Alles is een gave van God aan de mens, een teken van Zijn Liefde. Alle dingen getuigen van Gods Liefde, van Zijn welwillendheid of genade en zij delen het aan ons mee. Bijgevolg wordt deze god delijke liefdegave door alles overgedragen, juist zoals elke gave die wij elkander schenken een teken is van onze liefde en deze overdraagt. Maar een gave roept een wedergave op, waarbij de wederkerigheid van de liefde werkelijkheid kan worden. De mens kan God echter niets terugschenken, tenzij hetgeen hij zelf gekregen heeft; zijn gave is daarom een offer dat hij in dankbaarheid aan God schenkt. De gave van de mens is sacrificium en «eucharistie» in de breedste zin van het woord. Maar wanneer we de wereld aan God schenken als een gave of als een offer, dan drukken we er de stempel op van ons eigen werk, van ons begrip, van onze offerzin, van ons eigen opgaan naar God. Hoe meer we de waarde en de veelzijdigheid van deze goddelijke gave begrijpen, haar mogelijkheden ontwikkelen en daardoor de talenten doen toenemen die we gekregen hebben, des te meer zullen wij God loven en Hem tot vreugde zijn, want we hebben getoond dat wij actief deelnemen aan de dialoog van liefde tussen Hem en ons.

V. Dumitru Staniloae

In de immense kathedraal die het universum van God is, wordt elk mens, geleerde of handarbeider, geroepen om op te treden als de priester van zijn hele leven, om alles te nemen wat tot de mens behoort en er een offerande en een loflied van te maken.

Paul Evdokimov

Indien een paar mensen tot gebed worden - gebed dat "zuiver" is en schijnbaar totaal nutteloos - dan veranderen ze het universum alleen al door hun aanwezigheid, door hun bestaan zelf.

Olivier Clément

Je bent een wereld binnen een wereld: kijk in jezelf, daar ligt de hele schepping. Kijk niet naar uiterlijke dingen maar richt geheel je aandacht op wat binnenin zit. Breng heel je intellect in de geestelijke schatkamer van je ziel en bereid voor de Heer een schrijn dat bevrijd is van elke verbeelding.

H. Nilus van Ancyra

Een Rus heeft de indruk dat een mens, als mens, iets slechts kan kennen door eraan te participeren.
Goed en kwaad zijn hier op aarde onafscheidelijk met elkaar verbonden. Voor ons is dit het grote mysterie van het leven op aarde. Waar het kwaad het grootst is, daar moet ook het meest intense goed te vinden zijn. Dit is voor ons niet slechts een hypothese maar een axioma. We moeten het kwaad niet uit de weg gaan, maar er eerst aan participeren en door deze participatie komen tot het begrijpen ervan; daarna zal het kwaad door dit begrijpen verlost en getransfigureerd worden.

Julia de Beausobre

De Heiligen moeten noodzakelijkerwijze berouw tonen, niet enkel ten behoeve van zichzelf maar ook ten behoeve van hun naasten, want zonder actieve liefde kunnen ze niet volmaakt worden. Zo wordt het gehele universum samen gehouden en ieder van ons wordt op providentiële wijze door de anderen geholpen.

H. Marcus de Monnik

God dringt er niet op aan noch wenst dat wij zouden treuren met pijn in ons hart; het is eerder zijn wens dat wij, uit liefde tot Hem, in onze ziel vreugde en lach zouden kennen. Neem de zonde weg en tranen worden overbodig; waar geen wonde bestaat, is ook geen zalf nodig. Vóór de zondeval heeft Adam geen tranen gekend en zo zullen er ook na de opstanding uit de dood, wanneer de zonde vernietigd zal zijn, geen tranen meer bestaan. Want pijn, zorg en geween zullen dan verdwenen zijn.

H. Johannes Climacus

De glorie waartoe de mens geroepen is, bestaat hierin dat hij meer op God zou gaan gelijken door steeds meer mens te worden.
V. Dumitru Staniloae

HOOFDSTUK 4

GOD ALS MENS

Ja, God was het Die in Christus de wereld met Zich verzoende.
2 Korinthiërs 5,19

Dorst naar Jezus en Hij zal je laven met Zijn liefde.
H. Isaac de Syriër

Abt Jozef vertelde dat abt Isaäk zei: Eens zat ik bij abt Poimên en ik zag dat hij in verrukking geraakte. En omdat ik met hem op zeer vertrouwelijke voet stond, maakte ik een buiging ter verontschuldiging en smeekte hem met klem: "Zeg me toch, waar was u?« En omdat ik zo aandrong, zei hij: "Mijn gedachte was waar de heilige Maria, de Moeder Gods, stond te wenen, bij het Kruis van de Verlosser. En ik zou wel altijd zo willen wenen."
Vaderspreuken

Onze Metgezel op de Weg

Aan het slot van The Waste Land schrijft T.S. Eliot: *Wie is de derde die altijd naast jou loopt? Wanneer ik tel, dan zie ik alleen jou en mij samen, maar wanneer ik verder kijk op de witte weg, dan is er altijd een andere die naast jou loopt...*

Hij verklaart in een nota dat hij hierbij dacht aan een verhaal over de zuidpoolexpeditie van Shackleton: hoe de groep ontdekkingsreizigers, wanneer hun krachten uitgeput raakten, herhaaldelijk het gevoel hadden dat er een *expeditielid méér was* dan in werkelijkheid. Lang voor Shackleton had Koning Nebukadnessar van Babylon een gelijkaardige ervaring: "Wij hebben toch drie mannen geboeid en in het vuur geworpen?... Maar ik zie vier mannen ongeboeid en zonder letsel zich in het vuur bewegen; de vierde gelijkt op een godenzoon" (Dan. 3, 24-25).

Dit is voor ons de betekenis van Jezus onze Verlosser. Hij is Degene Die altijd naast ons loopt wanneer wij aan het einde van onze krachten zijn, Die bij ons is in de ijzige koude of in de oven van vuur. Op het ogenblik van de grootste eenzaamheid of beproeving wordt tot elk van ons dit woord gericht: *"Je bent niet alleen; je hebt een metgezel."*

Op het einde van het vorige hoofdstuk spraken wij over de vervreemding en de ballingschap van de mens. Wij zagen dat de zonde - de erfzonde en onze persoonlijke schuld - tussen God en de mens een kloof geslagen heeft die de mens niet uit eigen kracht kan overbruggen. De gevallen mens, die afgesneden was van zijn Schepper, gescheiden van zijn medemensen en innerlijk verscheurd, miste de kracht om zichzelf te helen. Waar kon hij genezing vinden, zo vroegen wij ons af. Wij zagen ook hoe de Drie-eenheid, als een God van persoonlijke liefde, niet onverschillig kon blijven tegenover het lijden van de mens, maar ermee begaan was. Tot hoever strekte die goddelijke bekommering? Het antwoord is: tot het uiterste. Aangezien de mens niet tot God kon gaan, kwam God tot de mens en vereenzelvigde Zich met de mens op de meest directe wijze. Het eeuwige Woord of Logos en Zoon van God, de tweede Persoon van de Drie-eenheid, werd waarachtig mens, één van ons; Hij heeft ons menszijn geheeld en hersteld door het helemaal in Zichzelf op te nemen. Om het met de woorden van de Geloofsbelijdenis te zeggen: "Ik geloof ... in één Heer, Jezus Christus ... ware God uit de ware God ... één in wezen met de Vader. .. Hij is voor ons, mensen, en omwille van ons heil uit de hemel neergedaald. Hij heeft het vlees aangenomen door de Heilige Geest uit de maagd Maria ..." Dit is dan onze Metgezel in ijs of vuur: de Heer Jezus die het vlees aangenomen heeft uit de Maagd, een Persoon van de Drie-eenheid maar toch een van ons, onze God maar ook onze Broeder.

Heer Jezus, wees ons genadig (*)

In een vroeger hoofdstuk (blz. 46) onderzochten we de trinitaire betekenis van het Jezusgebed: "Heer Jezus Christus, Zoon van God, wees (*) Het Jezusgebed wordt op verschillende wijzen in het Nederlands vertaald, zo o.m.: "Heer Jezus Christus, Zoon van God, ontferm U over mij, zondaar" of "... heb medelijden met mij, zondaar" of nog "... wees mij, zondaar, genadig." De eerst vermelde vertaling werd gebruikt op p. 46; in de hiernavolgende context past de laatst vermelde vertaling het best mij, zondaar, genadig." Laten wij nu eens nagaan wat dit gebed ons te vertellen heeft over de Menswording van Jezus Christus en over ons herstel in en door Hem.

In het Jezusgebed zijn er twee "polen" of uitersten. "Heer ... Zoon van God": het gebed spreekt eerst over Gods glorie, wanneer Jezus de Heer genoemd wordt van heel de schepping en de eeuwige Zoon. Anderzijds wijzen de woorden "...mij, zondaar" op onze zondige toestand, zondig door de val en zondig door onze persoonlijke misstappen. (De Griekse tekst is nog sterker en betekent letterlijk; "... mij, *de* zondaar", alsof ik de enige was.)

Het gebed begint dus met aanbidding en vervolgt met berouw. Wie of wat kan deze twee uitersten van goddelijke glorie en menselijke zondigheid met elkaar verzoenen? Drie woorden in het gebed geven het antwoord. Het eerste is «Jezus», de persoonlijke Naam die Christus gekregen heeft na Zijn menselijke geboorte uit de Maagd Maria. Deze naam betekent *Verlosser* of *Redder* zoals de engel zei tot Jozef, de pleegvader van Christus: "Gij zult Hem Jezus noemen, want Hij zal Zijn volk redden uit hun zonden" (Mat. 1,21).

Het tweede woord is de titel "Christus", het Griekse equivalent voor het Hebreeuwse "Messias", dat betekent *de Gezalfde,* gezalfd door de Heilige Geest van God. Voor het Joodse volk van het Oude Verbond was de Messias de verwachte Verlosser, de toekomstige Koning die hen met de kracht van de geest zou bevrijden van hun vijanden.

Het derde woord is "genadig", wat betekent: *actieve liefde,* liefde die vergeving, bevrijding en heil brengt. Genadig zijn is de andere de schuld kwijtschelden die hij uit eigen kracht niet kan aflossen, hem verlossen van de schulden die hij zelf niet kan betalen, hem genezen van de ziekte waarvoor hij zonder hulp geen genezing kan vinden. De term "genadig" betekent ook dat dit alles als een vrije gave geschonken wordt: wie om genade vraagt, kan geen rechten doen gelden tegenover de andere.

Het Jezusgebed verwijst dus zowel naar het probleem van de mens als naar de oplossing van God. Jezus is de Redder, de gezalfde Koning, degene die genadig is. Maar het gebed vertelt ons ook iets meer over de Persoon van Jezus zelf. Hij wordt aangesproken als "Heer" en "Zoon van God",wat wijst op Zijn goddelijkheid, Zijn transcendentie en Zijn eeuwigheid. Maar Hij wordt ook "Jezus" genoemd, de persoonlijke Naam die Zijn moeder en Zijn pleegvader Hem na Zijn menselijke
geboorte in Bethlehem gegeven hebben. Dus spreekt het gebed ook over Zijn menszijn, over het feit dat Hij werkelijk als een menselijk Wezen geboren is.

Het Jezusgebed is dus een bevestiging van het geloof in Jezus Christus als echt goddelijk en tegelijk ten volle menselijk. Hij is de *Theanthropos* of "God-mens", Die ons verlost van onze zonden, juist omdat Hij tegelijk God en mens is. De mens kon niet tot God gaan, dus kwam God tot de mens door Zelf Mens te worden. In Zijn "extatische", toegewijde liefde verenigt God Zichzelf met Zijn schepping op de meest innige manier: door Zelf te worden hetgeen Hij geschapen heeft. Als mens vervult God de bemiddelende rol die de mens bij de val verworpen had. Jezus onze Verlosser overbrugt de afgrond tussen God en de mens omdat Hij beide tegelijk is. Zoals we zingen in een van de Orthodoxe hymnen op de vooravond van Kerstmis: "Heden zijn Hemel en aarde verenigd, nu Christus geboren is. Heden is God in de wereld gekomen en daardoor is de mens opgestegen naar de Hemel."

De Incarnatie is dus de hoogste bevrijdingsdaad van God, waardoor onze communio met Hem werd hersteld. Maar wat zou er gebeurd zijn indien er nooit een val had plaatsgehad? Indien de mens nooit gezondigd had, zou God dan toch Mens geworden zijn? Moet de Incarnatie enkel worden gezien als Gods antwoord op de netelige positie waarin de gevallen mens zich bevond, of maakt zij op een of andere manier deel uit van het eeuwige plan van God? Moeten wij verder kijken dan de val en Gods Menswording beschouwen als de vervulling van de ware bestemming van de mens?

Op deze hypothetische vragen kunnen wij in onze huidige situatie geen afdoend antwoord geven. Aangezien ons leven getekend is door de val, kunnen wij ons moeilijk voorstellen hoe de relatie van God tot de mens zou geweest zijn, indien de val nooit had plaatsgevonden. De christelijke schrijvers hebben zich daarom in hun discussies over de Incarnatie meestal beperkt tot de gegevenheid van de gevallen mens. Enkelen echter hebben zich aan een breder perspectief gewaagd, vooral de H. Isaac de Syriër en de H. Maximus de Belijder in het Oosten en Duns Scotus in het Westen. De Incarnatie, zegt de H. Isaac, is het meest gezegende, vreugdevolle feit dat het menselijk ras kon overkomen. Is het dan mogelijk dat de oorzaak van een zo verheugende gebeurtenis zou liggen in iets dat misschien nooit zou gebeurd zijn en dat inderdaad nooit had moeten plaatsvinden? De H. Isaac zegt met klem: moeten Gods Menswording zeker niet alleen zien als een daad van herstel, als een antwoord op de zonde van de mens, maar ook en vooral als een daad van liefde, als een uitdrukking van Gods Eigen natuur. Zelfs indien er geen val was geweest, dan nog zou God in zijn oneindige, toegewijde liefde gekozen hebben Zichzelf met Zijn schepping te identificeren door mens te worden.

Wanneer wij de Incarnatie van Christus zo bekijken dan betekent zij meer dan een omkering van de val, meer dan een herstel van de mens in zijn oorspronkelijke, paradijselijke staat. Wanneer God mens wordt, dan is dit het begin van een totaal nieuwe periode in de geschiedenis van de mens en niet alleen maar een terugkeer naar het verleden. De Incarnatie brengt de mens op een nieuw, hoger niveau. Enkel in Jezus Christus zien wij de mogelijkheden van onze menselijke natuur ten volle geopenbaard; totdat Hij geboren was, bleven de echte implicaties van onze persoonlijkheid voor ons verborgen. De H. Basilius zegt: Christus' geboorte is "de verjaardag van het hele mensdom"; Christus is de eerste volmaakte Mens - volmaakt, niet alleen in potentiële zin, zoals Adam onschuldig was voor de val, maar in de zin van een volledig gerealiseerde "gelijkenis". De Incarnatie is dus niet enkel een middel om de gevolgen van de erfzonde ongedaan te maken, maar een essentieel moment op de Weg van de mens van het goddelijk beeld naar de goddelijke gelijkenis. Het ware beeld en de gelijkenis van God is Christus Zelf; dus was reeds vanaf het eerste ogenblik van de schepping van de mens naar Zijn beeld, de Menswording van Christus in zekere zin voorzien. De ware reden voor de Incarnatie ligt dus niet in de zondigheid van de mens, maar in zijn niet-gevallen natuur als wezen dat geschapen is naar het beeld van God en dat in staat is om één te worden met Hem.

Tweevoudig en toch Eén

Het Orthodoxe geloof in de Incarnatie is samengevat in het eindvers van de Kersthymne van de H. Romanos Melodos: "...voor ons is geboren als Kind: die God is in alle eeuwigheid." In deze korte zin zitten drie vaststellingen:
1. Jezus Christus is ten volle en waarachtig God.
2. Jezus Christus is ten volle en waarachtig mens.
3. Jezus Christus is niet twee Personen, maar Eén. Dit is uitvoerig besproken tijdens de Oecumenische Concilies. Terwijl de eerste twee van de zeven Concilies gewijd waren aan de leer van de Drie-eenheid (zie blz. 37), waren de laatste vijf gewijd aan de leer van de Incarnatie.

Het derde Concilie (Efese, 431) stelde dat de Maagd Maria Theotokos is, "Draagster van God" of "Moeder van God". Deze titel houdt een bevestiging in, niet in de eerste plaats betreffende de Maagd, maar wel betreffende Christus: God werd geboren. De Maagd is Moeder, niet van een menselijke persoon die met de goddelijke persoon van de Logos verbonden is, maar van één enkele onverdeelde Persoon, die God en mens tegelijk is.

Het vierde Concilie (Chalcedon, 451) verkondigde dat er in Jezus twee naturen zijn: enerzijds een goddelijke en anderzijds een menselijke. Overeenkomstig Zijn goddelijke natuur is Christus "Eén in wezen" (homo-ousios) met God de Vader; overeenkomstig zijn menselijke natuur is hij homo-ousìos met ons, mensen. Volgens Zijn goddelijke natuur is Hij dus ten volle God: Hij is de tweede Persoon van de Drie-eenheid, de unieke, "enige" en eeuwige Zoon van de eeuwige Vader, geboren uit de Vader voor alle eeuwen. Volgens Zijn menselijke natuur is Hij volledig mens: in Bethlehem geboren als een menselijk kind uit de Maagd Maria, heeft Hij niet alleen een menselijk lichaam zoals wij, maar ook een menselijke ziel en een menselijk verstand. Toch is de mensgeworden Christus, ofschoon Hij in "twee naturen" existeert, één enkele Persoon, één en onverdeeld en niet twee personen die naast elkaar in hetzelfde lichaam bestaan.

Het vijfde Concilie (Constantinopel, 553) steunde op de uitspraak van het derde en leerde dat "Eén van de Drie-eenheid leed in het vlees". Zoals we terecht mogen zeggen dat God geboren is, zo mogen we ook met recht beweren dat God gestorven is. In elk geval gaat het hier vanzelfsprekend in beide gevallen om de mensgeworden God. De transcendente God is noch aan geboorte noch aan dood onderworpen, maar de geïncarneerde Logos heeft deze dingen wel ondergaan.

Het zesde Concilie (Constantinopel, 680-681) hernam hetgeen door het vierde was gezegd en bevestigde dat er in Christus, naast twee naturen, een goddelijke en een menselijke, niet enkel een goddelijke maar ook een menselijke wil aanwezig is; want indien Christus niet een menselijke wil had zoals wij, dan zou Hij niet echt een mens zijn zoals wij. Toch is er binnen deze dubbele wil geen tegenstrijdigheid of tegenstelling, want de menselijke wil is steeds in volle vrijheid onderdanig aan de goddelijke.

Het zevende Concilie (Nicea, 787) bezegelde de vier voorgaande door te verkondigen dat, aangezien Christus echt mens geworden is, het rechtmatig is Zijn *gelaat af te beelden* op de heilige Iconen; en aangezien Christus één Persoon is en geen twee, tonen deze Iconen ons niet enkel Zijn menselijkheid, los van Zijn goddelijkheid, maar tonen zij ons de éne Persoon van de eeuwige mensgeworden Logos.

Wat de technische formulering betreft is er dus een tegenstelling tussen de leer van de Drie-eenheid en die van de Incarnatie. Omtrent de Drie-eenheid bevestigen wij dat er één enkele specifieke essentie of natuur is in drie Personen; en krachtens deze specifieke eenheid van wezen hebben de drie Personen slechts één enkele wil of energie. In de mensgeworden Christus anderzijds, zijn er twee naturen, een goddelijke en een menselijke, maar er is slechts één enkele Persoon, de eeuwige Logos die mens geworden is. En terwijl de drie goddelijke Personen van de Drie-eenheid slechts één wil en één energie hebben, heeft de ene Persoon van de mensgeworden Christus een dubbele wil en een dubbele energie, die respectievelijk van Zijn twee naturen afhankelijk zijn. Ofschoon er dus in de mensgeworden Christus een dubbele natuur en een dubbele wil aanwezig zijn, wordt de eenheid van Zijn Persoon daardoor toch niet vernietigd; alles wat, volgens de Evangeliën, door Christus gezegd, gedaan of geleden is, moet aan één en hetzelfde persoonlijke wezen toegeschreven worden: de eeuwige Zoon van God die nu geboren is als mens binnen de ruimte en de tijd.

In de conciliaire definities van Christus als God en als mens, onderkennen wij twee basisprincipes betreffende onze verlossing. Ten eerste: *alleen* God kan *ons redden.* Een profeet of hij die gerechtigheid leert kan niet de verlosser van de wereld zijn. Indien Christus dus onze Verlosser is, dan moet Hij ten volle en volledig God zijn. Ten tweede: *de verlossing moet een raakpunt hebben met de menselijke nood.* Alleen wanneer Christus volledig mens is zoals wij, kunnen wij, mensen, deel hebben aan wat Hij voor ons heeft gedaan.

Het zou daarom fataal zijn voor onze heilsleer indien wij zoals de Arianen Christus zouden zien als een soort half-God, die zich ergens in een vaag gebied tussen menselijkheid en goddelijkheid bevindt. De Christelijke leer over onze verlossing vraagt dat wij maximalisten moeten zijn. We mogen Christus niet beschouwen als "half-half": Hij is niet vijftig procent God en vijftig procent mens, maar honderd procent God en honderd procent mens. De H. Leo de Grote noemt Hem in een epigram *totus in suis - totus in nostris,* "geheel en al in wat van Hem is, geheel en al in wat van ons is".

Geheel en al in wat van Hem is: Jezus Christus is ons Venster op het rijk van God, waardoor wij zien Wie God is. "Niemand heeft God ooit gezien; de eniggeboren Zoon, Die in de schoot des Vaders is, Hij heeft Hem ons doen kennen" (Joh. 1,18).

Geheel en al in wat van ons is: Jezus Christus is de tweede Adam die ons de ware aard van onze eigen menselijke persoonlijkheid toont. Alleen God is de volmaakte mens.

Wie is God? Wie ben ik? Op deze beide vragen geeft Jezus Christus ons het antwoord.

Verlossing als Participatie

De Christelijke heilsboodschap kan het best worden samengevat in termen als *participatie,* delen, solidariteit en identificatie. Het begrip delen is een sleutelwoord, zowel in de leer van de goddelijke Drie-eenheid als in die van de Menswording. De leer van de Drie-eenheid stelt dat, juist zoals de mens slechts een authentieke persoon kan zijn wanneer hij deelt met anderen, God evenmin een op Zichzelf bestaande persoon is, maar drie Personen die in volmaakte liefde elkanders leven delen. Ook de Incarnatie is een leer van delen of participeren. Christus deelt ten volle ons leven en biedt ons aldus de mogelijkheid te delen in Zijn goddelijk leven en in Zijn goddelijke glorie. Hij werd wat wij zijn om ons te maken tot wat Hij is.

De H. Paulus gebruikt het beeld van armoede en rijkdom: "Want de liefdedaad van onze Heer Jezus Christus hoef ik u niet in herinnering te brengen: hoe Hij om uwentwil arm is geworden, terwijl Hij rijk was, opdat gij rijk zoudt worden door Zijn armoede" (2 Kor. 8,9). Christus' rijkdom is Zijn eeuwige glorie; Christus' armoede is Zijn algehele vereen zelviging met onze gevallen menselijke staat. Een Orthodoxe Kersthymne luidt: "Gij hebt volkomen deelgenomen aan onze armoede, maar door die innige vereenzelviging hebt Gij het leem waaruit wij geformeerd zijn, vergoddelijkt." Christus deelt in onze dood en wij delen in Zijn leven; Hij "heeft zich van Zichzelf ontdaan" en wij worden "verheerlijkt" (Fil. 2,5-9). Gods nederdaling maakt de opgang van de mens mogelijk. De H. Maximus de Belijder schrijft: "Het Oneindige beperkt Zichzelf op onuitsprekelijke wijze terwijl het eindige de maat van het oneindige bereikt."

Zoals Christus zei bij het Laatste Avondmaal: "Ik heb

hun de heerlijkheid gegeven, die Gij Mij geschonken hebt, opdat zij één zijn zoals Wij één zijn: Ik in hen en Gij in Mij, opdat zij volmaakt één zijn" (Joh. 17, 22-23). Christus stelt ons in staat te participeren aan de goddelijke glorie van de Vader. Hij is de verbinding en het ontmoetingspunt: omdat Hij mens is, is Hij één met ons; omdat Hij God is, is Hij één met de Vader. Door en in Hem zijn wij dus één met de Vader en de glorie van de Vader wordt onze eigen glorie. Gods Menswording opent de weg naar de deïficatie of vergoddelijking van de mens. Vergoddelijkt worden betekent meer bepaald "verchristelijkt" worden: de goddelijke gelijkenis die wij geroepen zijn te bereiken, is de gelijkenis met Christus. Het is door Jezus, de God-mens, dat wij mensen vergoddelijkt worden, "deel krijgen aan Gods eigen Wezen" (2 Pet. 1,4). Door onze menselijkheid aan te nemen heeft Christus, die van nature de Zoon van God is, ons door Zijn vrije gave tot zonen van God gemaakt. In Hem zijn wij door God de Vader "geadopteerd" en worden wij zonen-in-de-Zoon.

Deze opvatting over heil als participeren impliceert twee dingen over de Incarnatie. Ten eerste: dat Christus niet alleen een menselijk lichaam aannam zoals het onze, maar ook een rationele ziel en een menselijke geest zoals de onze. De zonde ontstaat, zoals wij gezien hebben (blz. 79), niet van beneden uit maar van bovenaf; zij is in oorsprong niet fysiek maar geestelijk. Het deel van de mens dat verlost moet worden is dus niet in de eerste plaats zijn lichaam maar wel zijn wil en zijn vermogen om morele keuzes te maken. Indien Christus geen menselijke geest en verstand had, dan zou dit onvermijdelijk tot gevolg hebben dat het tweede principe van de verlossing, nl. dat de goddelijke verlossing een raakpunt moet hebben met de menselijke nood, op losse schroeven komt te staan.

Het belang van dit principe werd opnieuw benadrukt in de tweede helft van de vierde eeuw, toen Apollinarius de theorie verkondigde - hij werd hiervoor onmiddellijk veroordeeld als ketter - dat Christus bij Zijn Menswording wel een menselijk lichaam en een rationele ziel aannam maar geen menselijke geest. Hierop antwoordde de H. Gregorius de Theoloog: "Wat niet aangenomen is, kan niet gered worden." Dat wil zeggen: Christus redt ons door te worden wat wij zijn; Hij geneest ons door onze gebroken menselijkheid in Zich op te nemen, door haar aan te nemen als de Zijne, door binnen te treden in onze menselijke ervaring en ze van binnenuit te leren kennen, als was Hij een van ons. Maar indien Zijn participeren aan onze mensheid op een of andere manier onvolledig geweest was, dan zou onze verlossing ook onvolledig zijn. Indien wij geloven dat Christus ons totaal verlost heeft, dan volgt daaruit ook dat Hij alles op Zich genomen heeft.

Een tweede gevolgtrekking uit deze opvatting over de verlossing als participatie is, dat Christus niet alleen onze oorspronkelijke maar ook onze gevallen menselijke natuur aangenomen heeft; dit is echter iets wat velen niet graag toegaven. In de Brief aan de Hebreeën staat duidelijk (en dit is de belangrijkste christologische tekst uit heel het Nieuwe Testament): "Want wij hebben een Hogepriester die in staat is mee te voelen met onze zwakheden; Hij werd Zelf op allerlei manieren op de proef gesteld, precies zoals wij, afgezien dan van de zonde" (4,15). Het aardse leven van Christus werd op aarde beleefd onder de gevolgen van de val. Zelf is Hij niet zondig, maar in solidariteit met de gevallen mens aanvaardt Hij ten volle de gevolgen van Adams zonde. Hij aanvaardt niet alleen ten volle de fysieke consequenties zoals vermoeidheid, lichamelijke pijn en uiteindelijk de scheiding van lichaam en ziel in de dood. Hij aanvaardt ook de morele gevolgen: de eenzaamheid, de vervreemding, het innerlijke conflict. Het lijkt misschien nogal gewaagd al deze dingen toe te schrijven aan de levende God, maar, wil de leer van de Incarnatie samenhangend zijn, dan kunnen wij niet anders. Indien Christus alleen de niet-gevallen menselijke natuur had aangenomen en Zijn aardse leven had geleid zoals Adam in het Paradijs, dan zou Hij onze zwakheden nooit gevoeld hebben, noch zou Hij in verzoeking gebracht zijn zoals wij voortdurend in verzoeking gebracht worden. En in dat geval zou Hij onze Verlosser niet zijn.

De H. Paulus gaat zelfs zover te schrijven: "Hem die geen zonde heeft gekend, heeft God voor ons tot zonde gemaakt" (2 Kor. 5,21). We moeten dit niet alleen zien als een soort juridische transactie waardoor Christus Die Zelf onschuldig is, op een uitwendige manier onze schuld "in de schoenen geschoven" krijgt. Het gaat veel dieper dan dat. Christus redt ons door *van binnenuit* als een van ons, al het lijden te ervaren dat wij innerlijk beleven, omdat wij leven in een zondige wereld.

Waarom een Maagdelijke Geboorte?

In het Nieuwe Testament wordt duidelijk gesteld dat de Moeder van Jezus Christus Maagd was (Mat. 1,18-23-25). Onze Heer heeft een eeuwige Vader in de hemel maar geen vader op aarde. Buiten de tijd werd Hij geboren uit de Vader zonder moeder, en binnen de tijd werd Hij geboren uit een Moeder zonder vader. Dit geloof in de Maagdelijke Geboorte doet echter geenszins afbreuk aan het feit dat Christus ten volle mens was. Ofschoon de Moeder maagd was, had er een echte menselijke Geboorte plaats van een echte menselijke baby.

Waarom, vragen wij ons niettemin af, moest Zijn Geboorte als mens dan op deze speciale manier gebeuren? Hierop zouden we kunnen antwoorden dat de maagdelijkheid van de Moeder als "teken" dient voor het unieke karakter van de Zoon. De maagdelijkheid is dit op drie nauw met elkaar samenhangende manieren. Ten eerste: het feit dat Christus geen aardse vader heeft, betekent dat Hij steeds verwijst naar Zijn hemelse en eeuwige oorsprong, naar Zijn plaats buiten de ruimte en de tijd. Maria's Kind is *waarachtig* mens maar het is *niet louter* mens; het staat in de geschiedenis maar ook erboven. Zijn Geboorte uit een Maagd legt er de nadruk op dat Hij, ofschoon immanent, ook transcendent is; naast volledig mens is Hij ook volledig God.

Ten tweede: het feit dat Christus' Moeder maagd was, wijst erop dat Zijn Geboorte het gevolg was van een uniek *goddelijk initiatief*. Hoewel Hij volkomen menselijk is, was Zijn Geboorte niet het resultaat van een seksuele vereniging van man en vrouw, maar van een speciale, *directe* actie van God.

Ten derde: de Geboorte van Christus uit een Maagd onderstreept het feit dat de Incarnatie niet het ontstaan van een nieuwe persoon tot gevolg had. Wanneer een kind op normale manier geboren wordt uit twee menselijke ouders, dan ontstaat er een nieuwe persoon. Maar de persoon van de mensgeworden Christus is niemand anders dan de tweede Persoon van de Heilige Drieeenheid. Bij Christus' Geboorte ontstond er derhalve geen nieuwe persoon, maar de reeds bestaande Persoon van de Zoon van God begon nu zowel op menselijke als op goddelijke manier te leven. De Maagdelijke Geboorte wijst dus op het feit dat Christus reeds in alle eeuwigheid bestaat.

Omdat de Persoon van de mensgeworden Christus dezelfde is als de Persoon van de Logos, komt aan de Maagd Maria terecht de naam toe van Theotokos, "Draagster van God". Zij is Moeder, niet van een menselijke zoon die met de Goddelijke Zoon verenigd is, maar van een menselijke Zoon die de eniggeboren Zoon van God is. De Zoon van Maria is Dezelfde Persoon als de goddelijke Zoon van God; aldus is Maria, krachtens de Incarnatie, in de meest waarachtige zin "Moeder van God".

Ofschoon de Orthodoxie de rol van de Gezegende Maagd als Moeder van Christus hoog in ere houdt, acht zij een dogma van de "Onbevlekte Ontvangenis" overbodig. Dit dogma dat in 1854 door de Rooms-Katholieke Kerk werd afgekondigd, zegt dat Maria "vanaf het eerste ogenblik van haar ontvangenis" door haar moeder, de H. Anna, vrij was van "elke vlek van de erfschuld". Twee dingen mogen wij hier niet uit het oog verliezen. Ten eerste, zoals we reeds zeiden (blz. 72), ziet de Orthodoxe kerk de val niet, in Augustijnse termen, als een overgeërfde schuld. Indien wij, Orthodoxen, het Latijnse standpunt van erfschuld hadden aanvaard, dan hadden wij wellicht ook behoefte gevoeld aan een leer van de Onbevlekte Ontvangenis. Wij gaan echter van een ander standpunt uit; het Latijnse dogma lijkt ons niet bepaald verkeerd maar wel overbodig. Ten tweede: voor de Orthodoxie vormt de Maagd Maria, tezamen met Johannes de Doper, de bekroning en het hoogtepunt van de Oudtestamentische heiligheid. Zij is een "verbindings" figuur: als laatste en grootste van de gerechtigde Mannen en Vrouwen van het Oude Verbond is zij tevens het verborgen hart van de Apostolische Kerk (zie Hand. 1,14). Maar de leer van de Onbevlekte Ontvangenis wekt bij ons

de indruk dat de Maagd Maria uit het Oude Testament gelicht wordt en, door anticipatie, volledig in het Nieuwe wordt geplaatst. Volgens de Latijnse leer staat zij niet meer op dezelfde voet als de andere Heiligen
van het Oude Testament en zo wordt haar rol als "verbindingsfiguur" afgezwakt.

Hoewel de Orthodoxie het Latijnse dogma over de Onbevlekte Ontvangenis niet aanvaardt, spreekt zij de Moeder van God in haar Liturgische Diensten toch aan als "zonder smet" (achrantos), "Aheilig" (pana-gia), "Vlekkeloos"(panamomos). Wij, Orthodoxen, geloven dat zij na haar dood in de hemel is opgenomen, waar zij nu, met lichaam en ziel, leeft in eeuwige glorie met haar Zoon. "Over U, genadenrijke, verheugt zich de gehele schepping" (de Liturgie van de H. Basilius); "Bloem van het mensdom en Poort van de hemel" (Dogmatikon in Toon Eén); "Kostbare Schat van de gehele wereld" (H. Cyrillus van Alexandrië). En met de H, Ephraïm de Syriër zeggen wij:

Gij alleen, o Jezus, tezamen met Uw Moeder,
zijt in alle opzichten schoon,
want op U rust geen smet, Heer,
en in Uw Moeder is geen vlek.

Hieruit blijkt welke hoge ereplaats we in onze theologie en in ons gebed aan de Heilige Maagd toekennen. Zij is voor ons het hoogste offer dat door het mensdom aan God gebracht is. Om het uit te drukken met de woorden van een Kersthymne:

Wat kunnen wij U offeren, o Christus,
want om ons zijt Gij op aarde als mens verschenen.
Alle schepselen die van U zijn uitgegaan, brengen U

het getuigenis van hun dankbaarheid:
de Engelen hun lofzangen,
de Hemelen de wonderbare ster,
de Wijzen hun gaven,
de Herders hun bewondering,
de aarde een grot,
de woestijn een kribbe.
Maar **wij***, mensen, de Moeder Maagd!*

Gehoorzaam tot de Dood

De Menswording van Christus is op zich reeds een verlossingsdaad. Door onze gebroken menselijkheid in Zich op te nemen, herstelt Christus deze en, zoals in een andere Kersthymne wordt gezegd, "richt Hij het gevallen beeld op". Maar waarom was er dan nog een dood op het Kruis nodig? Was het niet voldoende dat één van de Drie-eenheid als Mens op aarde *leefde,* dacht, voelde en wilde zoals een mens, zonder dat Hij daarom nog als mens moest *sterven?*

In een niet-gevallen wereld zou de Menswording van Christus inderdaad hebben volstaan als een volmaakte uitdrukking van Gods toegewijde liefde. Maar in een gevallen, zondige wereld moest Zijn liefde nog verder gaan. Omwille van de tragische aanwezigheid van zonde en kwaad, werd de redding van de mens een uiterst kostbare zaak. De heilsdaad moest een *sacrificiurn* zijn, een offer dat enkel een lijdende, gekruisigde God kon brengen.

De Incarnatie is, zoals gezegd, een daad van identificatie en participatie. God redt ons door Zichzelf met ons te vereenzelvigen, door van binnenuit te ervaren wat ons menszijn is. Het Kruis bewijst op de meest overtuigende manier dat deze participatie tot het uiterste werd doorgedreven. De mensgeworden God deelt *al* onze ervaringen. Onze metgezel Jezus Christus deelt niet enkel in de volheid van het menselijk leven maar ook in de volheid van de menselijke dood. "Waarlijk, het waren onze ziekten die Hij op Zich nam en onze smarten die Hij heeft gedragen" (Jes. 53,4). *Al* onze ziekten, *al* onze smarten. "Wat niet opgenomen is, is niet gered": maar Christus, onze Redder, heeft alles in Zich opgenomen, zelfs de dood.

De dood heeft een fysiek en een spiritueel aspect, maar

van beide is het spirituele het ergste. De fysieke dood is de scheiding tussen het lichaam en de ziel van de mens; de spirituele dood is de scheiding tussen de menselijke ziel en God. Wanneer wij zeggen dat Christus "gehoorzaam was tot de dood" (Fil. 2,8) dan mogen wij deze woorden niet beperken tot de fysieke dood alleen. Het gaat niet alleen om het lichamelijke lijden dat Christus onderging bij Zijn Passie: de geseling, Zijn vallen onder het gewicht van het Kruis, de nagels, de dorst en de hitte, de kwelling van de Kruisiging. De ware betekenis van de Passie ligt niet alleen daarin maar meer nog in Zijn geestelijk lijden: in Zijn gevoel van mislukking, afzondering en totale eenzaamheid, in de pijn van Zijn aangeboden maar verworpen liefde.

Begrijpelijkerwijze vinden wij in de Evangeliën niet veel over dit innerlijke lijden maar hier en daar is er toch een aanwijzing. In de eerste plaats is er in de doodsangst van Christus in de tuin van Gethsemane, wanneer Hij, overweldigd door afgrijzen en ontmoediging, angstig tot Zijn Vader bidt: "Indien het mogelijk is, laat deze beker voorbijgaan" (Mat. 26,39) en wanneer Zijn zweet op de grond valt "tot dikke druppels bloed" (Luc. 22,44). Metropoliet Antoni van Kiev onderstreepte dat wij in Gethsemane de sleutel tot de hele leer van de Verzoening vinden. Christus wordt hier voor een keuze gesteld. Hoewel Hij er geenszins toe gedwongen wordt, verkiest Hij vrij te sterven; door deze daad van vrijwillige zelfopoffering maakt Hij van een willekeurige geweldpleging of een rechterlijke moord, een verlossend sacrificium. Maar deze vrije keuze is een uiterst moeilijke daad. Wanneer Hij besluit zich te laten arresteren en te kruisigen, ervaart Hij, zoals William Law zegt, "de pijnlijke angsten van een verloren ziel... de werkelijkheid van een eeuwige dood." Zeer belangrijk zijn de woorden van Christus in Gethsemane: "Ik ben bedroefd tot stervens toe" (Mat. 26,38). Op dat ogenblik ervaart Jezus ten volle de spirituele dood. Op datzelfde ogenblik vereenzelvigt Hij zich met de wanhoop en de geestelijke pijn van de hele mensheid; en deze identificatie is voor ons veel belangrijker dan het feit dat Hij onze fysieke pijn deelt.

Een tweede verwijzing vinden we bij de Kruisiging, wanneer Christus met luide stem roept: "Mijn God, mijn God, waarom hebt Gij Mij verlaten?" (Mat. 27, 46) Ook deze woorden zijn van zeer groot belang. Dit is het ogenblik waarop Jezus Zich het meest eenzaam voelt en verlaten, niet alleen door de mensen, maar ook door God. Wij hebben geen verklaring voor het feit dat Iemand die Zelf de levende God is, zich niet méér van de goddelijke aanwezigheid bewust is. Maar het is duidelijk dat Christus' Lijden geen toneelspel is. Hij doet niets voor de uiterlijke schijn. Elk woord op het Kruis betekent wat het zegt. En de betekenis van de schreeuw "Mijn God, mijn God ..." kan alleen betekenen dat Jezus op dat ogenblik werkelijk de spirituele dood van de scheiding met God ondervindt. Hij vergiet voor ons niet alleen Zijn bloed, maar ter wille van ons aanvaardt Hij zelfs het verlies van God.

"Hij is neergedaald in de hel" (Credo van de Apostelen). Betekent dit enkel dat Christus, in de tijdspanne tussen de Grote Vrijdag en de Paas-morgen, is gaan prediken voor de gevallen engelen? (zie 1 Pet. 3,19) Het heeft zeker ook een diepere betekenis. De hel is niet een bepaald punt in de ruimte maar in de ziel. Het is *de plaats waar God niet is.* (En toch is God overal!) Wanneer Christus werkelijk "in de hel is neergedaald" dan wil dit zeggen dat Hij afdaalde in de diepten van de afwezigheid van God. Hij vereenzelvigde Zichzelf totaal, zonder enige reserve, met de angst en de vervreemding van ieder mens. Hij nam ze in Zich op en daardoor genas Hij ze. Hij kon ze niet anders genezen, dan door ze tot de Zijne te maken.

Dit is de boodschap van het Kruis voor elk van ons. Hoever ik ook moet reizen door de vallei van de schaduw van de dood, ik *ben nooit alleen.* Ik heb een Metgezel. En deze Metgezel is niet enkel een echt mens zoals ik, maar de ware God uit de ware God. Op het ogenblik van de diepste vernedering van Christus op het Kruis, is Hij evenzeer de eeuwige, levende God als op het ogenblik van Zijn Transfiguratie in glorie op de berg Tabor. Wanneer ik naar de gekruisigde Christus kijk, dan zie ik niet alleen een lijdende mens maar een *lijdende God.*

De Dood als Overwinning

De Dood van Christus op het Kruis is niet een mislukking die later min of meer rechtgezet werd door Zijn Verrijzenis. De Dood op het Kruis is een overwinning op Zichzelf. Wat voor overwinning? Er is slechts één antwoord mogelijk: *de overwinning van de lijdende Liefde.* "Want sterk als de dood is de liefde... Geen stortvloed van water kan de liefde blussen" (Hooglied 8, 6 -7). Het Kruis is het bewijs van een liefde die even sterk en zelfs sterker is dan de dood.

De H. Johannes begint zijn verhaal over het Laatste Avondmaal en de Passie met deze woorden: "Hij die de Zijnen in de wereld bemind had, gaf hun een bewijs van Zijn Liefde tot het uiterste" (Joh. 13,1). "Tot het uiterste" - in het Grieks staat er *eis telos* wat betekent "tot het laatste", "tot het uiterste". En dit woord *telos* wordt later hernomen bij de laatste kreet die Christus slaakte op het Kruis: "Het is volbracht", *tetelestai* (Joh. 19,30). We moeten dit niet verstaan als een uitroep van berusting of wanhoop, maar als een overwinningskreet: het is klaar, het is af, het is voltooid.

Wat werd volbracht? Wij antwoorden: het werk van de lijdende Liefde, de overwinning van de liefde op de haat. Christus, onze God, heeft de Zijnen tot het uiterste liefgehad. Uit liefde heeft Hij de wereld geschapen, uit liefde kwam Hij als mens op deze wereld, uit liefde heeft Hij onze gebroken mensheid in Zich opgenomen en ze tot de Zijne gemaakt. Uit liefde vereenzelvigde Hij Zich met al ons verdriet. Uit liefde heeft Hij Zichzelf als offergave geschonken en aanvaardde Hij uit vrije wil het Lijden te Gethsemane: "Ik geef mijn leven voor de schapen ... Niemand neemt het mij af, maar ik geef het uit mijzelf" (Joh. 10,15-18). Het was bereidwillige liefde en geen uiterlijke dwang die Jezus ter dood bracht. Bij Zijn doodsangst in de Hof van Olijven en bij Zijn Kruisiging bestormen de machten van de duisternis Hem uit volle kracht, maar zij zijn niet bij machte om Zijn medelijden te veranderen in haat; zij kunnen Zijn Liefde niet verhinderen Zichzelf te blijven. Zijn liefde wordt tot het uiterste toe op de proef gesteld maar zij bezwijkt niet. "En het licht schijnt in de duisternis, maar de duisternis nam het niet aan" (Joh. 1,5). Op Christus' overwinning op het Kruis kunnen we de woorden toepassen die een Russische priester uitsprak bij zijn bevrijding uit een gevangenenkamp: "Het lijden heeft alles verwoest. Slechts één ding is overeind gebleven: de liefde."

Wanneer wij het Kruis zien als een overwinning, dan ontdekken wij de paradox van de almacht van de liefde. Dostojevski komt dicht bij de ware betekenis van Christus' overwinning in sommige uitspraken die hij de *Starets* Zosima in de mond legt:

Sommige gedachten maken een mens sprakeloos, vooral het besef van de menselijke zonde. Dan vraagt hij zich af of hij die met geweld of met nederige liefde te lijf moet gaan. Beslis steeds: "Ik zal ze met nederige liefde bestrijden." Als je daar eens en voorgoed toe besluit, kun je de hele wereld veroveren. Liefdevolle nederigheid is een geweldige kracht: zij is het sterkste dat er bestaat, niets kan ermee vergeleken worden.

Liefdevolle nederigheid is een geweldige kracht: telkens als we iets opgeven of een of ander lijden ondergaan, niet met een gevoel van bittere opstandigheid maar vrijwillig en uit liefde, dan worden we niet zwakker maar sterker. Dat was zeker ook het geval voor Jezus Christus. "Hij was sterk in Zijn zwakheid", zegt de H. Augustinus. De macht van God blijkt niet zozeer uit de schepping van de wereld of uit Zijn wonderen, maar uit het feit dat God Zich uit liefde "van Zichzelf ontdaan heeft" (Fil. 2,7), dat hij Zichzelf totaal weggeschonken heeft door uit eigen vrije keuze te willen lijden en sterven. Door Zichzelf te ledigen wordt Hij vervuld: *kenosis isplerosis*. God is het sterkst op het ogenblik van Zijn grootste zwakheid.

Liefde en haat zijn niet louter subjectieve gevoelens die het innerlijke raken van hen die ze ervaren, maar het zijn ook objectieve krachten die de wereld buiten ons veranderen. Door iemand te beminnen of te haten vorm ik hem in zekere zin tot het beeld dat ik van hem heb. Mijn liefde is opbouwend en mijn haat vernietigend, niet alleen voor mijzelf maar voor het leven van al degenen die mij omringen. Als dit voor mijn liefde geldt, hoeveel meer geldt dit dan voor de Liefde van Christus. De overwinning van Zijn lijdende Liefde op het Kruis is voor mij niet alleen een voorbeeld dat mij toont wat ik zelf zou kunnen bereiken door Hem na te volgen. Meer nog, Zijn lijdende Liefde heeft op mij een scheppend effect: zij vormt mijn hart en wil om, zij bevrijdt mij van de slavernij, zij heelt mij en geeft mij de kracht lief te hebben op een manier die totaal mijn macht te boven zou gaan indien ik niet eerst door Hem bemind was. Want in liefde heeft Hij zich met mij vereenzelvigd. Zijn overwinning is dus ook de mijne. Zo is de Dood van Christus op het Kruis echt "levenschenkend", zoals in de Liturgie van de H. Basilius gezegd wordt.

Het lijden en de Dood van Christus hebben dus een objectieve waarde: Hij heeft voor ons iets gedaan dat wij zonder Hem absoluut niet hadden kunnen doen. Wij zouden ook niet mogen zeggen dat Christus "in onze plaats" geleden heeft, maar wel *om onzentwil*. De Zoon van God heeft geleden "tot de dood toe" niet om ons lijden weg te nemen maar opdat ons lijden zou zijn zoals het Zijne. Christus biedt ons geen weg aan *om* het lijden *heen*, maar *door* het lijden, geen vervangmiddel maar een verlossende kameraadschap.

Dit is de waarde van Christus' Kruis voor ons. In nauwe verbondenheid met de Incarnatie en de Transfiguratie die eraan voorafgaan en met de Verrijzenis die erop volgt - want dit zijn alle onscheidbare delen van een enkel gebeuren of "drama" - moeten we de Kruisiging zien als hoogste en volmaakte *overwinning, offer* en *voorbeeld*: de overwinning, het offer en het voorbeeld van de *lijdende Liefde. Wij zien in het Kruis:*

*de volmaakte overwinning van liefdevolle nederigheid
over haat en vrees;*

*het volmaakte offer of de vrijwillige zelfopoffering
van liefdevol medelijden;
het volmaakte voorbeeld van de scheppende kracht van
de liefde.*

Julian of Norwich zegt:

Wil je weten wat God hiermee bedoelde? Onthoud het goed: het was Liefde. Wie toonde het je? De Liefde. Wat toonde Hij je? Liefde. Waarom toonde Hij het je? Uit Liefde. Leef in de liefde en je zult er veel uit leren en weten. Maar je zult nooit iets anders vinden dat zonder eind is. .. Dan zei Onze Lieve Heer Jezus Christus: "Zijt gij verheugd dat Ik voor u geleden heb?" Ik antwoordde: "Zeker, Lieve Heer, ik dank U. Zeker, goede God, gezegend zijt Gij". Dan zei Jezus, onze minzame Heer: "Als gij verheugd zijt, ben Ik het ook. Het is Mij een vreugde, een zaligheid, een eindeloze voldoening voor jou te hebben kunnen lijden en, indien Ik nog meer zou kunnen lijden, Ik zou het doen".

Christus is Verrezen

Omdat Christus onze God waarachtig mens was, is Hij ook een echte menselijke dood op het Kruis gestorven. Maar omdat Hij niet alleen echt mens is maar ook waarachtig God, omdat Hij het leven Zelf is en de Bron van het leven, was deze Dood niet het absolute einde en kon hij dat ook niet zijn. De Kruisiging zelf is een overwinning; maar op de Grote Vrijdag is die overwinning nog verborgen, terwijl zij op Paasmorgen openbaar wordt gemaakt. Christus staat op uit de doden en, door Zijn Verrijzenis, verlost Hij ons van angst en verschrikking: de overwinning van het Kruis wordt bevestigd, het blijkt duidelijk dat de liefde sterker is dan de haat en het leven sterker dan de dood. God Zelf is gestorven en Hij is verrezen uit de doden, dus is er geen dood meer: zelfs de dood is vervuld van God. Omdat Christus verrezen is, hoeven wij geen angst meer te hebben voor welke duistere of boze kracht dan ook in het universum. In de Paasnacht zeggen wij elk jaar, met woorden die toegeschreven worden aan de H. Johannes Chrysostomos:

Niemand vreze meer de dood, want de Dood van de Verlosser heeft ons vrijgemaakt.
Opgestaan is Christus en gevallen zijn de demonen.
Opgestaan is Christus en de Engelen verheugen zich.

Zoals op andere gebieden is de Orthodoxie ook hier maximalistisch. Wij herhalen met de H. Paulus: "Wanneer Christus niet is verrezen, is onze prediking zonder inhoud en uw geloof eveneens" (1 Kor. 15,14). Hoe kunnen wij nog langer Christenen zijn indien wij geloven dat het Christendom gegrondvest is op een dwaling? Net zoals het niet volstaat Christus te beschouwen als een profeet of als een verkondiger van de gerechtigheid in plaats van als de mensgeworden God, zo mag men de Verrijzenis niet afdoen met te zeggen dat de "geest" van Christus op een of andere manier voortleefde bij Zijn Leerlingen. Iemand Die niet "de ware God uit de ware God" is, Die niet de dood heeft overwonnen door te sterven en weer uit de doden op te staan, zo iemand kan niet onze hoop en onze redding zijn. Wij, Orthodoxen, geloven dat er een echte Opstanding uit de doden is geweest, in die zin dat het menselijk lichaam van Christus weer verenigd werd met Zijn menselijke ziel en dat het Graf inderdaad leeg werd bevonden. Wanneer wij als Orthodoxen deelnemen aan oecumenische gesprekken, dan is een van de belangrijkste verschillen tussen hedendaagse Christenen het feit dat sommigen geloven in de Verrijzenis en anderen niet.

"Gij zijt getuigen hiervan" (Luc. 24,48). De Verrezen Christus stuurt ons uit in de wereld om die "grote vreugde" van de Verrijzenis te delen met anderen. V. Alexander Schmemann schrijft:

Vanaf het prille begin is het Christendom een getuigenis van vreugde geweest, van de enig mogelijke vreugde op aarde... Zonder het getuigenis van deze vreugde is het Christendom onbegrijpelijk. Het is enkel in de vreugde dat de Kerk kon zegevieren over de wereld en zij verloor de wereld toen zij de vreugde verloor en ophield ervan te getuigen. De ergste beschuldiging aan het adres van de Christenen is die van Nietzsche toen hij zei dat de Christenen niet blij waren... "Want zie, ik verkondig u een vreugdevolle boodschap", zo begint het Evangelie en het eindigt met de woorden: "Zij aanbaden Hem en keerden met grote blijdschap naar Jeruzalem terug" (Luc. 2,10; 24,52). Wij moeten de betekenis van deze grote blijdschap opnieuw ontdekken.

Een oude man zei vaak: " Verkondig de Naam van Jezus in nederigheid en met een ootmoedig hart; toon Hem uw zwakheid en Hij zal uw kracht worden.."

Vaderspreuken

Hoe gemakkelijk is het bij elke ademhaling te zeggen: "Mijn Heer Jezus, heb medelijden met mij! Ik zegen U, mijn Heer Jezus, help mij!"

H. Macarius van Egypte

In het zwarte, gapende graf verdwijnen alle hoop, plannen, gewoonten, berekeningen en — vooral — de zin van het leven. De zin heeft zijn betekenis verloren en een andere, onbegrijpelijke Zin heeft vleugels op mijn rug doen groeien... Ik denk dat elke mens die, al is het maar één keer, deze eeuwigheidservaring heeft gekend; die, al is het maar één keer, begrepen heeft waar hij naartoe gaat; die, al is het maar één keer, de Ene gezien heeft die Hem voorgaat, dat het zo iemand hard zal vallen om dit pad te verlaten: alle troost zal hem kortstondig lijken, alle schatten waardeloos, alle metgezellen overbodig, indien hij tussen hen niet de Ene Gezel kan zien die zijn kruis draagt.

Moeder Maria van Parijs
(tekst geschreven na de dood van haar kind)

De Waarheid is voor ons niet een manier van denken. De Waarheid wordt niet geschapen. De Waarheid Is. Christus Is de Waarheid. De Waarheid Is een persoon. De Waarheid is niet beperkt tot wat wij ervan begrijpen. De Waarheid overstijgt ons; wij kunnen de Waarheid nooit volledig begrijpen.
Het zoeken naar de Waarheid is een zoeken naar de Persoon van Christus.
De Waarheid is het Mysterie van de Persoon van Christus; en omdat het Mysterie een Persoon is, is het onafscheidelijk verbonden met een gebeurtenis: de gebeurtenis van de ontmoeting. Mysterie en gebeurtenis zijn één.

Voor de Orthodoxe geest is het Mysterie een welbepaalde en strikte werkelijkheid. Het is Christus en het is de ontmoeting met

Christus.
Moeder Maria van Normanby

De Heer is alles voor jou geworden en jij moet alles worden voor de Heer.
H. Johannes van Kronstadt

De hele mens zou niet gered zijn, indien Hij niet de hele mens op Zich had genomen.
Origenes

Welke een groot wonder is heden gebeurd!
Geheel de natuur is hernieuwd, want God is mens geworden.
Hij bleef wat Hij tevoren was,
maar Hij heeft aangenomen wat Hij niet bezat,
zonder vermenging of scheiding te ondergaan.
Hoe kan ik de grootheid van dit Mysterie verkondigen?
De Onlichamelijke is Vlees geworden;
het Woord des Vaders neemt een Lichaam aan;
de Onzienlijke wordt zichtbaar;
de Ontastbare wordt door menselijke handen verzorgd;
de Aanvangloze neemt een begin op aarde;
de Zoon van God wordt mensenzoon:
Jezus Christus, Die Dezelfde blijft:
gisteren en heden en in alle eeuwigheid.
Uit de Vespers van Kerstdag

Wie hebben wij zoals Gij, Heer
De Grote Die klein geworden zijt, de Waakzame Die sliep,
De Zuivere Die gedoopt werd, de Levende Die stierf,
De Koning Die Zichzelf vernederde en aan allen eer betuigde.
Gezegend zij Uw eer!

Het is goed dat de mens Uw goddelijkheid erkent.
Het is goed dat hemelse wezens Uw menselijkheid eren.
De hemelse wezens waren verbaasd toen zij zagen hoe klein Gij werdt,
En de aardse schepselen verwonderden zich over Uw verhevenheid.
H. Ephraïm de Syriër

Want Christus is de volmaakte Liefde. Zijn leven op aarde kan nooit een leven in het verleden zijn. Hij blijft in alle eeuwigheid aanwezig. Want Hij was alleen, en alleen droeg Hij de zonden van alle mensen. Maar in de dood nam Hij ons allen op in Zijn werk. Daarom is het Evangelie nu bij ons tegenwoordig. Wij mogen binnentreden in Zijn eigen offer.
Moeder Maria van Normanby

Gegrepen wordt Hij Die onraakbaar is;
getekend wordt Hij Die Adam van de vloek heeft bevrijd;
leugenachtig ondervraagt men Hem
Die harten en nieren doorgrondt;
opgesloten wordt Hij Die de Afgrond sluit;
men brengt voor Pilatus, Hem
voor Wie de hemelse machten sidderend staan;
de Schepper wordt geslagen door de hand van Zijn schepsel;
tot het schandhout wordt veroordeeld
de Rechter over leven en dood;
in het graf sluit men Hem Die de Hades berooft.
Uit medelijden hebt Gij dit alles verduurd,
om allen van de vloek te verlossen;
duldende Heer, ere zij U.
Uit de Vespers van de Grote Vrijdag

De diepste grondslag van de hoop en de vreugde die de

Orthodoxie karakteriseert en haar Eredienst doordringt, is de Verrijzenis. Pasen, de kern van de Orthodoxe Eredienst, is een explosie van vreugde, dezelfde vreugde die de Leerlingen beleefden wanneer zij de verrezen Verlosser zagen. Het is de explosie van de kosmische vreugde om de triomf van het leven na het overstelpende verdriet van de dood, een dood die zelfs de Heer van het leven moest ondergaan toen Hij mens werd. "Laten de hemelen op waardige wijze zich verheugen, laat de aarde juichen, laat feest houden de hele kosmos, de zichtbare en de onzichtbare. Want Christus is opgewekt: eindeloze vreugde". Alles is nu vervuld met de zekerheid van het leven, terwijl tevoren alles zich gestadig naar de dood toe begaf.
De Orthodoxie verkondigt met nadruk het geloof van het Christendom in de triomf van het leven.

V. Dumitru Staniloae

Slechts wie om wille van zijn geloofsovertuiging gevangen zit in een Sov-jetkamp, kan werkelijk het mysterie van de val van de eerste mens begrijpen, evenals de mystieke betekenis van de verlossing van de gehele schepping en de grote overwinning van Christus op de krachten van het kwaad. Slechts wanneer wij lijden omwille van de idealen van het Heilig Evangelie kunnen wij ons realiseren hoe zondig, zwak en onwaardig wij zijn in vergelijking met de grote Martelaars van de eerste Christelijke Kerk. Alleen dan begrijpen wij de absolute noodzaak van een diepe deemoed en nederigheid waarzonder wij niet kunnen verlost worden. Slechts dan kunnen wij het voorbijgaande beeld van het zichtbare en het eeuwige leven van de Onzichtbare beginnen te begrijpen.

Op Paasdag voelden wij, die gevangen zaten omwille van onze geloofsovertuiging, ons allen opgenomen in de ene vreugde van Christus. Wij werden allen aangegrepen door een gevoel, door die ene geestelijke triomf en wij loofden de ene eeuwige God. Er was geen plechtige Paasdienst met luidende kerkklokken, wij konden in het kamp niet samenkomen voor een Liturgische Dienst, noch ons feestelijk aankleden of een paasmaal bereiden. Integendeel, er was zelfs meer werk en meer hinder dan gewoonlijk. Alle gevangenen die hier zijn omwille van hun religieuze overtuiging, van welke aard ook, werden nog meer bespied en bedreigd door de geheime politie.

Toch was het Pasen voor ons: groot, heilig, geestelijk, onvergetelijk. Deze dag werd gezegend door de aanwezigheid van de verrezen God tussen ons, gezegend door de zwijgende Siberische sterren en door ons verdriet. Hoe vreugdevol klopten onze harten in vereniging met de grote Verrijzenis! De dood is overwonnen, vreest niet meer, een eeuwig Pasen is ons gegeven! Vervuld van deze wondermooie Pasen zenden wij u vanuit ons gevangenenkamp een triomfantelijke, vreugdevolle boodschap: Christus is verrezen!

Brief uit een Russisch concentratiekamp.

HOOFDSTUK 5

GOD ALS GEEST

De Geest van God Die aan ons vlees gegeven is, kan geen droefheid noch dwang verdragen.

De Herder van Hermas

Wanneer de Geest van God neerdaalt in een mens en hem overschaduwt met de volheid van Zijn gaven, dan is zijn ziel vervuld met een onbe-schrijflijke vreugde, want de Heilige Geest verblijdt alles wat Hij aanraakt.
Het hemelse Koninkrijk is vrede en geluk in de Heilige Geest. Verwerf de innerlijke vreugde en duizenden rondom u zullen gered worden.

H. Serafim van Sarov

Gebalde vuist of geopende handen?

Op de muren van de catacomben in Rome staat hier en daar een biddende vrouw afgebeeld: de *Orans*. Zij heeft de blik ten hemel geslagen en de handen geheven, met naar boven geopende handpalmen. Dit is een van de oudste Christelijke Iconen. Wat stelt zij voor? De Gezegende Maagd Maria, de Kerk of de ziel in gebed? Of misschien alle drie tegelijk? Hoe deze Icoon ook geïnterpreteerd wordt, zij stelt een basishouding van de Christen voor: die van de aanroeping of *epiclese*, aanroeping van of wachten op de Heilige Geest.

Wij kunnen met onze handen drie grondhoudingen aannemen die elk hun eigen symbolische betekenis hebben. Onze handen kunnen gesloten zijn, de vuisten gebald, als een teken van uitdaging of in een poging om iets te grijpen of vast te houden: zo drukken zij agressie of vrees uit. Onze handen kunnen echter ook lusteloos neerhangen, niet uitdagend maar ook niet ontvankelijk. Een derde mogelijkheid is dat onze handen geheven zijn zoals die van de *Orans*, niet gesloten maar open, niet lusteloos maar bereid de gaven van de Geest te ontvangen. Het is van groot belang voor onze geestelijke Weg dat wij zouden leren onze vuisten te ontsluiten en onze handen te openen. Elk uur en elke minuut moeten wij de houding van de *Orans* tot de onze maken: onzichtbaar moeten wij onze geopende handen uitstrekken naar de hemel, en tot de Geest zeggen: *Kom*.

Het hele doel van het Christelijk leven is: een drager van de Geest te zijn, te leven in de Geest van God, de Geest van God te ademen.

De Wind en het Vuur

De Heilige Geest bezit een geheime, verborgen eigenschap die het moeilijk maakt over Hem te spreken of te schrijven. De H. Symeon de Nieuwe Theoloog zegt:

Hij ontleent Zijn Naam aan datgene waarop Hij rust, want Hij heeft geen eigen Naam bij de mensen.

Elders schrijft de H. Symeon (hoewel hij hier niet specifiek naar de Geest verwijst, kunnen zijn woorden heel goed toegepast worden op de derde Persoon van de Drieeenheid):

Het is onzichtbaar en geen hand kan het vastgrijpen;
Ontastbaar en toch kun je het overal voelen...

Wat is het? O wonder! Wat is het niet? Want het heeft geen Naam.
In mijn dwaasheid trachtte ik het te grijpen;
ik sloot mijn hand en dacht dat ik het beet had,
maar het ontsnapte en ik kon het niet vasthouden.
Vol droefheid loste ik mijn greep
en daar zag ik het opnieuw in de palm van mijn hand.
O onuitsprekelijk wonder! O vreemd mysterie!
Waarom spannen wij ons zo nutteloos in?
Waarom begeven wij ons allen op een dwaalspoor?

De symbolen die in de Schrift gebruikt worden voor de Geest wijzen ook op dit onvatbare. Hij is als een "hevige, opstekende wind" (Hand. 2,2): Zijn Naam Zelf "Geest" (in het Grieks pneuma) betekent wind of adem. Zoals Jezus zegt tot Nicodemus: "De wind (of geest) blaast waarheen Hij wil; gij hoort wel zijn gesuis maar weet niet waar Hij vandaan komt en waar Hij heen gaat" (Joh. 3,8). Wij weten dat de wind er is, wij horen hem in de bomen als wij 's nachts wakker liggen, wij voelen hem op ons gelaat als wij over de heuvels wandelen; maar als wij trachten hem te grijpen en hem vast te houden, dan is hij weg. Zo gaat het ook met de Geest van God. Wij kunnen de Geest niet afwegen of meten of Hem opsluiten in een kistje. In een van zijn gedichten vergelijkt Gerard Manley Hopkins de heilige Maagd Maria met de lucht die wij inademen: datzelfde beeld kunnen wij ook toepassen op de Geest. Zoals de lucht is ook de Geest een Levensbron Die "alom tegenwoordig is en alles vervult", Die altijd om ons heen is en in ons verblijft. En zoals de lucht zelf onzichtbaar blijft maar het medium is waardoor wij andere dingen zien en horen, zo toont de Geest ons niet Zijn Eigen gelaat maar altijd het gelaat van Christus.

In de Bijbel wordt de Heilige Geest ook vergeleken met vuur. Wanneer de Geest neerdaalt over de eerste Christenen op de dag van Pinksteren, dan verschijnt hun "iets dat op vuur geleek en dat zich, in tongen verdeeld, op ieder van hen neerzette" (Hand. 2,3). Zoals de wind is ook het vuur ongrijpbaar: levend, vrij, steeds in beweging, iets dat niet kan gemeten, gewogen of afgebakend worden. We voelen de hitte van de vlammen maar we kunnen ze niet met onze handen grijpen.

Zo is onze relatie tot de Geest: wij zijn ons bewust van Zijn aanwezigheid, we kennen Zijn kracht maar we kunnen ons geen precieze voorstelling maken van Zijn Persoon. De tweede Persoon van de Drie-eenheid is mens geworden en leefde als mens op aarde; de Evangeliën vertellen ons wat Hij gezegd en gedaan heeft, Zijn gelaat kijkt ons aan vanuit de heilige Iconen, en daarom is het niet moeilijk om in onze harten een voorstelling van Hem te maken. Maar de Geest is niet mens geworden, zijn goddelijke Persoon werd ons niet in een menselijke vorm geopenbaard. Bij de tweede Persoon van de Drie-eenheid roept de term "geboren", die duidt op Zijn eeuwige oorsprong uit de Vader, een duidelijk idee op, een specifieke voorstelling, hoewel we ons wel realiseren dat dit begrip niet letterlijk moet worden opgevat. Maar de term "voortkomen" die gebruikt wordt om de eeuwige relatie tussen de Geest en de Vader aan te duiden, roept geen klaar en duidelijk beeld op. Het is als een heilig geheimschrift dat verwijst naar een Mysterie dat nog niet helemaal onthuld is. De term duidt aan dat de relatie tussen de Geest en de Vader niet dezelfde is als die tussen de Zoon en de Vader; maar waarin precies het verschil zit, wordt ons niet gezegd. Dit kan ook niet want wij kunnen de werking van de Geest niet met woorden beschrijven.

Wij moeten die beleven en op directe wijze ervaren.

Ondanks deze geheimzinnigheid in de Heilige Geest, leert de Orthodoxe Traditie toch twee vaststaande dingen over Hem. Ten eerste: de Geest is een *Persoon*. Hij is niet alleen een "goddelijke windstoot" (zoals ik Hem eens hoorde beschrijven), niet zomaar een gevoelloze kracht, maar één van de drie eeuwige Personen van de Drie-eenheid; en hoe ongrijpbaar Hij ook lijkt, wij kunnen en moeten een persoonlijke "Ik-Gij" relatie met Hem aangaan. Ten tweede: als derde lid van de Heilige Drie-eenheid is de Geest even-waardig met de andere twee en is ook Hij mede-eeuwig. Hij is niet zomaar een functie die van Hen afhankelijk is of een middelaar die zij gebruiken. Een van de voornaamste redenen waarom de Orthodoxe kerk de Latijnse toevoeging van het *filioque* aan de Geloofsbelijdenis verwerpt (blz. 40), evenals de Westerse leer over de "dubbele oorsprong" die achter deze toevoeging zit, is precies de vrees dat een dergelijke leer de mensen ertoe zou aanzetten de Heilige Geest te *depersonaliseren* en *ondergeschikt* te maken. Het mede-eeuwige bestaan en het even-waardig zijn van de Geest is een steeds terugkerend thema in de Orthodoxe gezangen op het feest van Pinksteren:

De Heilige Geest was, en is, en zal immer zijn,
zonder begin en zonder einde:
Altijd de Gelijke van de Vader en de Zoon;
Levenschenkend;
Licht en verlichtend;
Goed in Zichzelf en Bron van goedheid.
Want door Hem wordt de Vader gekend,
en de Zoon verheerlijkt;
en wordt aan de mensen bekendgemaakt:

als de éne Macht en de éne Wezenheid:
de aanbeden Heilige Drie-eenheid.

De Geest en de Zoon

Tussen de "twee handen" van de Vader, Zijn Zoon en Zijn Geest, bestaat een wederzijdse relatie, een band van onderlinge dienstbaarheid. Men is vaak geneigd die relatie vanuit één kant te zien, wat de wederkerigheid niet tot haar recht laat komen. Christus komt eerst, zegt men, en na Zijn Hemelvaart zendt Hij op Pinksteren de Geest. Maar in werkelijkheid zijn de onderlinge banden veel complexer en evenwichtiger. Christus zendt ons de Geest, maar terzelfdertijd is het de Geest Die Christus zendt. Laten we eens terugkomen op enkele feiten omtrent de Drie-eenheid en die verder uitwerken (blz. 43).

1. *De Incarnatie.* Bij de Blijde Boodschap daalt de Heilige Geest neer over de Maagd Maria en zij ontvangt de Logos: volgens de Geloofsbelijdenis heeft Jezus Christus "vlees aangenomen door de Heilige Geest uit de Maagd Maria". Hier is het de Geest Die Christus in de wereld zendt.

2. *De Doop.* Hier krijgen we dezelfde relatie. Wanneer Jezus uit het water van de Jordaan komt, daalt de Geest over Hem neer in de vorm van een duif: het is dus de Geest die Christus "aanstelt" en hem opdracht geeft Zijn openbaar leven te beginnen. Dit blijkt overduidelijk uit de gebeurtenissen die onmiddellijk op de Doop volgen. De Geest stuurt Christus naar de woestijn (Marc. 1,12) waar Hij een veertig-daagse proeftijd moet ondergaan alvorens Hij Zijn prediking begint. Wanneer Christus na deze vuurproef terugkeert is het "in de kracht van de Geest" (Luc. 4,14). De allereerste woorden van Zijn prediking

verwijzen duidelijk naar het feit dat het de Geest is Die Hem zendt: Hij leest Jes. 61,1 en past de tekst op Zichzelf toe: "De Geest des Heren is over Mij gekomen, omdat Hij Mij gezalfd heeft. Hij heeft Mij gezonden om aan armen de Blijde Boodschap te brengen" (Luc. 4, 18). Zijn titel "Christus" of "Messias" betekent juist dat Hij de Gezalfde is door de Heilige Geest.

3. *De Transfiguratie.* Weer komt de Geest hier over Christus, niet in de vorm van een duif maar als een wolk van licht. Zoals de Geest tevoren Christus naar de woestijn stuurde en dan naar Zijn openbare prediking, zo zendt Hij Hem nu naar Zijn "exodus" of sacrificiële dood in Jeruzalem (Luc. 9,31).

4. *Pinksteren.* Hier is de werderzijdse relatie omgekeerd. Tot hiertoe was het de Geest Die Christus zond, nu is het de Verrezen Christus Die de Geest zendt. Pinksteren vormt het doel en de voltooiing van de Menswording. De H. Athanasius zegt: "De Logos is vlees geworden opdat wij de Geest zouden ontvangen."

5. *Het Christelijk leven.* Maar hiermee houdt de wederkerigheid van de "twee handen" nog niet op. Zoals de Geest de Zoon zendt bij de Blijde Boodschap, de Doop en de Transfiguratie, en zoals de Zoon op Zijn beurt de Geest zendt op Pinksteren, zo is het na Pinksteren de taak van de Geest te getuigen over Christus, en de Verrezen Heer voortdurend bij ons aanwezig te houden. Zoals het doel van de Incarnatie de zending van de Geest met Pinksteren was, zo is het doel van Pinksteren de Incarnatie van Christus voort te zetten in het leven van de Kerk. Dat is precies wat de Geest doet bij de *epiclese* in de Eucharistische consecratie (blz. 44); en deze consacrerende *epiclese* dient als model en voorbeeld voor wat gedurende heel ons leven-in-Christus gebeurt.

"Waar er twee of drie verenigd zijn in Mijn Naam, daar ben Ik in hun midden" (Mat. 18,20). Hoe is Christus in ons midden aanwezig? *Door de Heilige Geest.* "Ziet, Ik ben met u alle dagen tot aan de voleinding van de wereld" (Mat. 28,20). Hoe is Christus altijd met ons? *Door de Heilige Geest.* Omdat de Trooster aanwezig is in ons hart, kennen wij Christus niet enkel uit de vierde of de vijfde hand, als een figuur van lang geleden, over wie wij feiten kennen uit geschreven bronnen; maar wij kennen Hem op directe wijze, hier en nu, in de tegenwoordige tijd, als onze persoonlijke Verlosser en onze Vriend. Met de Apostel Thomas kunnen wij bevestigen: *"Mijn* Heer en *mijn* God!" (Joh. 20,28). Wij zeggen niet slechts "Christus werd geboren", ooit, in een ver verleden; wij zeggen: "Christus wordt Geboren", nu, op dit ogenblik, in mijn eigen hart. Wij zeggen niet slechts "Christus is gestorven" maar "Christus is voor mij gestorven". Wij zeggen niet alleen "Christus verrees", maar "Christus is Verrezen"; Hij leeft nu, voor en in mij. Deze onmiddellijke, persoonlijke relatie met Jezus danken wij juist aan de Geest.

De Heilige Geest vertelt ons dus niet over Zichzelf maar over Christus. Jezus zegt bij het Laatste Avondmaal: "Wanneer Hij echter komt, de Geest der Waarheid, zal Hij u tot de volle waarheid brengen; want Hij zal niet uit Zichzelf spreken... Hij zal aan u verkondigen wat Hij van Mij ontvangen heeft". (Joh. 16,13-14). Hierin ligt precies de reden voor de anonimiteit of liever de *transparantie* van de Heilige Geest; Hij verwijst niet naar Zichzelf maar naar de verrezen Christus.

De Gave van Pinksteren

Drie dingen treffen ons bij de gave van de Trooster op de dag van Pinksteren.

Ten eerste: het is een *gave aan het hele volk van God:* "Zij werden allen vervuld van de Heilige Geest" (Hand. 2,4). De gave of het *charisma* van de Geest werd niet alleen aan bisschoppen of priesters maar aan elke gedoopte geschonken. Ze zijn allen dragers van de Geest, zij zijn allen in de echte betekenis van het woord "charismatisch".

Ten tweede: het is een *gave van eenheid:* "Zij waren allen *bijeen* op dezelfde plaats" (Hand. 2,1). De Heilige Geest maakt de velen tot één Lichaam in Christus. De nederdaling van de Geest op Pinksteren heeft het omgekeerde effect van de toren van Babel (Gen. 11,7). Zoals wij zeggen in een van de hymnen op het feest van Pinksteren:

Toen de Allerhoogste nederdaalde,
verwarde Hij de talen en scheidde de volkeren.
Toen hij echter de Vuurtongen uitdeelde,
riep Hij allen tot de Eenheid.
Laten wij daarop eenstemmig de Heilige Geest verheerlijken.

De Geest brengt eenheid en wederzijds begrip, Hij stelt ons in staat te spreken "met één stem". Hij maakt individuen tot personen. Over de eerste Christelijke gemeenschap in Jeruzalem, in de periode onmiddellijk na Pinksteren, wordt gezegd dat zij "alles gemeenschappelijk bezaten en één van hart en één van ziel waren" (Hand. 2,44; 4,32); dit zou het kenmerk moeten zijn van de Pinksterbroederschap van de Kerk in alle tijden.

Ten derde: de gave van de Geest is een *gave van verscheidenheid:* het vuur werd in tongen "verdeeld"

(Hand. 2,3) en zij werden aan elk van hen afzonderlijk meegedeeld. De Geest maakt ons niet slechts allen één, maar Hij maakt elk van ons verschillend. Op Pinksteren werd de veelheid van talen niet vernietigd, maar zij hield op een oorzaak van scheiding te zijn; ieder bleef zijn eigen taal spreken, maar door de kracht van de Geest kon ieder ook de anderen verstaan. *Drager van de Geest* zijn betekent voor mij al de verschillende aspecten van mijn persoonlijkheid waarmaken; het betekent: werkelijk vrij worden, werkelijk mijzelf worden als uniek persoon. Leven in de Geest kan op oneindig veel manieren; kwaaddoen is eentonig en vervelend maar heiligheid niet. Een vriend van mij, een priester die dagelijks vele uren biecht hoorde, zei vaak met een zucht: "Wat jammer dat er geen nieuwe zonden zijn!" maar er zijn altijd nieuwe vormen van heiligheid.

Vaders in de Geest en Dwazen in Christus

In de Orthodoxe Traditie komt de werking van de Trooster in de Christelijke gemeenschap zeer duidelijk tot uiting in twee "Geest-dragende" figuren: de *oudere* of geestelijke vader en de *dwaas-in-Christus*.

De oudere of "oude man" - in het Grieks *geron* en in het Russisch *starets* geheten - hoeft niet noodzakelijk oud in jaren te zijn, maar hij is wijs waar het de goddelijke waarheid betreft en hij is gezegend met het "vaderschap in de Geest", met het *charisma* waardoor hij anderen kan leiden op de Weg. Wat hij zijn geestelijke kinderen aanbiedt is niet in de eerste plaats een levensregel of morele richtlijnen, maar wel een persoonlijke relatie. "Een *starets*", zegt Dostojevski, "is iemand die uw ziel en uw wil tot de zijne maakt." De leerlingen van V. Zachari zeiden vaak over hem: "Het was alsof hij onze harten in zijn handen droeg."

De *starets* is de man van de innerlijke vrede, bij wie duizenden redding kunnen vinden. Dank zij zijn gebed en zijn zelfverloochening heeft hij van de Heilige Geest de gave van het onderscheidingsvermogen ontvangen, waardoor hij de geheimen van het menselijk hart kan lezen; zo antwoordt hij niet alleen op vragen die hem gesteld worden, maar ook op vragen die dikwijls veel fundamenteler zijn maar die onuitgesproken blijven. Naast die gave van onderscheid bezit hij de gave van geestelijke genezing, de macht om de ziel van de mens en soms ook zijn lichaam te helen. Deze spirituele genezing wordt niet alleen door zijn raadgevingen maar ook door zijn stilte en zijn loutere aanwezigheid bewerkstelligd. Hoe belangrijk zijn raad ook moge zijn, nog veel belangrijker is zijn bemiddelend gebed. Hij heelt zijn kinderen door voortdurend voor hen te bidden, door zich met hen te identificeren, door hun vreugden en hun zorgen als de zijne aan te nemen, door de last van hun schuld of hun angst op zijn schouders te nemen. Niemand kan *starets* worden als hij niet onophoudelijk voor anderen bidt.

Indien de *starets* priester is, dan is zijn functie van geestelijke leider meestal innig verbonden met het sacrament van de biecht. Maar een *starets* in de volle betekenis van het woord, zoals die beschreven wordt door Dostojevski of waarvan V. Zachari een voorbeeld is, is meer dan een priester-biechtvader. Een echte *starets* kan nooit door een hoger gezag in die functie worden aangesteld. De Heilige Geest Die tot het hart van de Christenen spreekt, maakt hen duidelijk dat deze of gene persoon van God de genade ontvangen heeft om anderen te leiden en te genezen. De echte *starets* is dus een profetische figuur en geen ambtsbekleder. Hoewel hij meestal priester-monnik is, kan hij ook een gehuwde parochiepriester zijn of een gewone monnik die niet tot priester gewijd is, of zelfs - maar dat komt niet zo vaak voor - een moniale of een gewone man of vrouw in de wereld. Indien de *starets* zelf geen priester is, zal hij mensen naar wier problemen hij geluisterd heeft en die hij raad gegeven heeft, vaak naar een priester sturen om het Sacrament van de Biecht en de absolutie te ontvangen.

De relatie tussen een kind en zijn geestelijke vader is zeer verscheiden. Sommigen bezoeken een *starets* slechts één- of tweemaal in hun leven, op een crisismoment. Anderen houden regelmatig - maandelijks of zelfs dagelijks - contact met hun *starets*. Daarvoor zijn vooraf geen regels te geven: de band groeit vanzelf, onder de directe leiding van de Geest.

De relatie is altijd persoonlijk. De *starets* past geen abstracte regels uit een boek toe - zoals in de "casuïstiek" van het contra-reformatorische Katholicisme - maar hij ziet telkens *deze* bepaalde man of vrouw die voor hem staat; en verlicht door de Geest, tracht hij over te brengen wat God voor deze persoon in het bijzonder wil. Omdat de echte *starets* weet en erkent hoe verschillend de mensen onderling zijn, onderdrukt hij hun innerlijke vrijheid niet, maar hij versterkt ze. Hij streeft niet naar blinde gehoorzaamheid maar hij tracht zijn kinderen geestelijk rijp te maken om zelf een beslissing te kunnen nemen. Hij toont iedereen zijn ware gelaat, dat voor hem tevoren nog grotendeels verborgen was. Zijn woord is creatief en levengevend en stelt mensen in staat dingen te doen die hen tevoren onmogelijk schenen. Maar de *starets* kan dit alles slechts bereiken omdat hij elk van hen persoonlijk bemint. Bovendien is de relatie wederkerig: de *starets* kan iemand slechts helpen wanneer die echt bereid is zijn manier van leven te veranderen en op voorwaarde dat hij zijn hart in liefdevol vertrouwen opent voor de *starets*. Wie uit kritische nieuwsgierigheid naar een *starets* toegaat, zal waarschijnlijk met lege handen terugkomen en niets wijzer geworden zijn.

Omdat de relatie altijd persoonlijk is, kan een bepaalde *starets* niet iedereen in dezelfde mate helpen. Hij kan alleen degenen helpen die door de Geest speciaal naar hem gestuurd zijn. Daarom mag een leerling niet zeggen: "Mijn *starets* is beter dan al de andere". Hij zou slechts mogen zeggen: "Mijn *starets* is de beste voor mij."

De geestelijke vader luistert naar de wil en de stem van de Heilige Geest, wanneer hij anderen wil leiden. "Ik geef alleen wat God mij opdraagt te geven", zei de H. Serafim. "Ik geloof dat het eerste woord dat mij in de mond komt, mij door de Heilige Geest geïnspireerd wordt." Het is duidelijk dat niemand het recht heeft zo te handelen als hij zich niet, door ascese en gebed, op uitzonderlijke manier bewust is van Gods aanwezigheid. Voor iemand die dit niveau niet heeft bereikt, zou zulk gedrag aanmatigend en onverantwoord zijn.

V. Zachari spreekt in dezelfde termen als de H. Serafim:

Soms weet iemand zelf niet wat hij zal zeggen. De Heer spreekt door zijn mond. Men moet zo bidden: "O Heer, moge Gij in mij leven, moge Gij door mij spreken, moge Gij door mij handelen." Wanneer de Heer door iemands mond spreekt, dan zijn al zijn woorden doeltreffend en dan wordt alles wat hij zegt vervuld. De mens die spreekt is hierover zelf verbaasd... Men moet er immers niet op vertrouwen dat men de wijsheid bezit.

De relatie tussen een geestelijke vader en zijn kind reikt over de dood heen tot aan het Laatste Oordeel. V. Zachari stelde zijn volgelingen gerust: "Na mijn dood zal ik nog meer levend zijn dan nu, heb dus geen verdriet wanneer ik sterf ..." Op de dag van het Oordeel zal de ouderling zeggen: *"Hier ben ik met mijn kinderen"*. De H. Serafim vroeg de volgende merkwaardige woorden op zijn grafsteen te beitelen:

Wanneer ik dood ben, kom dan zo vaak mogelijk naar mijn graf. Wat er ook op uw hart ligt, wat u ook overkomen is, kom tot mij zoals gij deedt toen ik nog leefde, kniel neer op de grond en stort al uw bitterheid uit over mijn graf. Vertel mij alles en ik zal naar u luisteren en alle bitterheid zal van u weggaan. Spreek tot mij zoals toen ik nog leefde, want ik leef en ik zal eeuwig leven.

Lang niet alle Orthodoxen hebben een geestelijke vader. Wat moeten wij doen wanneer wij een gids zoeken en er geen kunnen vinden? We kunnen natuurlijk wijsheid halen uit boeken: of we nu een *starets* hebben of niet, de Bijbel is voor ons een bestendige gids (zie verder blz. 125). Maar de moeilijkheid met boeken is, precies te weten wat er op dit bepaald punt van mijn reis, voor mij persoonlijk toepasselijk is. Naast boeken en geestelijke vaders zijn er ook geestelijke broeders en zusters: wij krijgen ook hulp, niet van leraars-in-God, maar van onze medeleerlingen. Wij mogen de kansen die ons in deze vorm worden gegeven niet verwaarlozen. Maar zij die hun Weg ernstig nemen, zouden bovendien al het mogelijke moeten doen om een vader-in-de-Heilige-Geest te vinden. Indien zij nederig zoeken, zullen zij ongetwijfeld de leiding vinden die zij nodig hebben. Niet dat zij vaak een *starets* als de H. Serafim of V. Zachari zullen vinden. Wij moeten erover waken dat wij, in onze verwachting van iets spectaculairs, niet de hulp over het hoofd zien die God ons daadwerkelijk aanbiedt. Iemand die in andermans ogen niet opvalt, zal misschien de geestelijke vader blijken te zijn die tot *mij persoonlijk* de woorden van vuur kan spreken waaraan ik behoefte had.

Een tweede profetische Geest-drager in de Christelijke gemeenschap is de dwaas-in-Christus, in het Grieks *salos* en in het Russisch *jurodivyi* geheten. Men kan meestal moeilijk nagaan in hoeverre deze "dwaasheid" bewust en opzettelijk, zoniet spontaan en ongewild is. Geïnspireerd door de Geest voert de dwaas de *metanoia* of "verandering van geest" tot het uiterste door. Radicaler dan wie ook, zet hij de piramide op haar kop. Hij is een levend getuigenis van de waarheid dat het rijk van Christus niet van deze wereld is; hij legt getuigenis af van het feit dat de "antiwereld" bestaat en dat het onmogelijke mogelijk is. Hij leeft in een totaal vrijwillige armoede en identificeert zich aldus met de vernederde Christus. Julia de Beausobre zegt: "Hij is niemands zoon, niemands broeder, niemands vader en hij heeft geen thuis." Hij kent geen familieleven maar trekt rond als een pelgrim die zich overal even goed thuisvoelt maar zich nergens vestigt. Zelfs in de winter is hij in lompen gekleed, hij slaapt in een schuur of in een kerkportaal, hij doet niet alleen afstand van materiële bezittingen maar ook van wat anderen beschouwen als zijn gezondheid en geestelijk evenwicht. Zo wordt hij een bedding voor de hogere wijsheid van de Geest.

Onnodig te zeggen, dat een dwaas-zijn omwille van Christus, een uiterst zeldzame roeping is. Het is ook niet gemakkelijk echte van valse dwazen, en doorzetters van mislukkelingen te onderscheiden. Uiteindelijk is er maar één toets: "Aan hun vruchten zult ge ze kennen" (Mat.

7,20). De valse dwaas is nutteloos en destructief, voor Zichzelf en voor anderen. De ware dwaas-in-Christus, die zuiver van hart is, heeft een positieve invloed op het leven van de gemeenschap rondom hem. In feite doet de dwaas niets dat echt nut heeft; zijn verrassende daden of raadselachtige woorden, die dikwijls met opzet provocerend en schokkend zijn, wekken de mensen uit hun zelfgenoegzaamheid en hun schijnheiligheid. Terwijl hij zelf onbevangen blijft, lokt hij bij anderen reacties uit; hij brengt het onderbewuste aan de oppervlakte zodat het gezuiverd en geheiligd kan worden. Hij is zowel vermetel als nederig. Omdat hij van alles afstand heeft gedaan, is hij echt vrij. Zoals de dwaas Nikolaj van Pskov die in de handen van Tsaar Ivan de Verschrikkelijke een stuk vlees legde waar het bloed van afdroop, kan hij de machtigen der aarde berispen met een stoutmoedigheid die anderen missen. Hij is het levend geweten van de maatschappij.

Wordt wat gij zijt

Slechts een paar Christenen per generatie worden ouderen, en dwazen-in-Christus zijn nog zeldzamer. Maar *alle* gedoopten zijn zonder uitzondering Dragers van de Geest. "Kent gij of begrijpt gij uw eigen adel niet?" staat er in *De Homilieën van de H. Macarius.* " . . . Ieder van u is gezalfd met het hemelse Chrisma en is door vrije gave een Christus geworden; ieder is koning en profeet van de hemelse Mysteries."

Wat met de eerste Christenen gebeurde op de dag van Pinksteren, gebeurt ook met elk van ons wanneer wij, volgens de Orthodoxe Traditie, onmiddellijk na onze Doop worden gezalfd met chrisma of *myron.* (Dit tweede

Sacrament van Christelijke initiatie komt overeen met het Vormsel in de Westerse traditie.) De nieuwgedoopte, of het nu een kind is of een volwassene, wordt door de priester getekend op het voorhoofd, de ogen, neusvleugels, mond, oren, borst, handen en voeten met dewoorden: "Het zegel van de gave van de Heilige Geest". Dit is voor elk van ons een persoonlijk Pinksteren: de Geest Die op zichtbare wijze over de Apostelen neerdaalde in vurige tongen, komt over ons op onzichtbare, maar daarom niet minder reële en krachtige wijze. Ieder van ons wordt een "gezalfde", een "Christus" zoals Jezus de Messias. Elk wordt getekend met de *charismata* van de Vertrooster. Vanaf het ogenblik van onze Doop en de Zalving met chrisma woont de Heilige Geest samen met Christus in het diepste schrijn van ons hart. Hoewel we tot de Geest zeggen "Kom" is Hij reeds in ons. Hoe zorgeloos en onverschillig een gedoopte in zijn later leven ook moge zijn, deze tegenwoordigheid van de Geest in hem gaat nooit helemaal verloren. Maar als we niet meewerken met Gods genade - als we niet uit vrije wil de geboden trachten te onderhouden - dan zal deze tegenwoordigheid van de Geest waarschijnlijk onbewust en verborgen blijven. Als pelgrims op de Weg moeten wij ernaar streven de Geest, die op een verborgen manier in ons aanwezig is en werkt, *bewust te leren kennen,* met heel ons hart te weten dat Hij op een directe, open wijze in ons werkt. "Vuur ben ik op aarde komen brengen", zei Christus, "en hoe verlang ik dat het reeds oplaait" (Luc. 12,49) De Pinkstervonk van de Geest, die in elk van ons leeft vanaf de Doop moet oplaaien tot een levende vlam. Wij moeten worden wat we zijn.

"De vrucht van de Geest is liefde, vreugde, vrede, geduld, vriendelijkheid ..." (Gal. 5,22). Het diepe bewustzijn dat de Geest in ons werkt, is iets dat heel ons innerlijk leven zou moeten doordringen. Het is niet nodig dat iedereen op spectaculaire wijze "bekeerd" wordt. Nog minder is het nodig dat iedereen "in talen" zou spreken. De meeste hedendaagse Orthodoxen staan erg huiverig tegenover dat deel van de Pinksterbeweging dat "in talen spreken" beschouwt als het beslissende en onontbeerlijke bewijs dat iemand een echte Drager van de Geest is. De gave van de "talen" kwam natuurlijk veel voor in de Apostolische tijd, maar veel minder vaak sinds het midden van de tweede eeuw, hoewel zij nooit helemaal verdween. De H. Paulus legt er in elk geval de nadruk op dat dit een van de minder belangrijke gaven van de Heilige Geest is (zie Kor. 14,5).

Wanneer "spreken in talen" echt geestelijk is, dan lijkt het of men "zich laat gaan": het is het cruciale ogenblik waarop onze zondige vermetelheid neergehaald wordt en plaats maakt voor de bereidheid God in ons te laten handelen. In de Orthodoxe Traditie neemt dit "zich laten gaan" vaak de vorm aan van de *"gave van tranen"*. "Tranen" zegt de H. Isaac de Syrieër, "duiden de grens aan tussen de lichamelijke en de geestelijke staat, tussen de staat van onderworpenheid aan de driften en die van zuiverheid". En in een gedenkwaardige passage schrijft hij:

De innerlijke mens begint slechts vruchten voort te brengen wanneer hij tranen stort. Wanneer je het stadium van de tranen bereikt hebt, dan weet je dat je geest bevrijd is uit de gevangenis van deze wereld en een voet gezet heeft op het pad dat naar de Nieuwe Tijd leidt. Op dat ogenblik ademt je geest de wondere lucht die zich daar bevindt en hij begint tranen te storten. Het ogenblik van de Geboorte van het geestelijk kind is nakend en de barensweeën worden intenser. De genade, ons aller moeder,

haast zich het mystieke leven te schenken aan de ziel, het beeld van God, en zij leidt haar naar het licht van de Tijd die komt. En wanneer de tijd voor de Geboorte gekomen is, begint het verstand iets te vermoeden van wat zich in die andere wereld afspeelt, als een zwakke geur of als de levensadem die een pasgeboren kind in zijn lichaam ontvangt. Maar zoiets zijn wij niet gewend en omdat wij het moeilijk kunnen verwerken, worden wij ineens overstelpt door tranen, gemengd met vreugde.

Er zijn echter veel soorten tranen en zij zijn niet alle een gave van de Heilige Geest. Naast geestelijke tranen zijn er tranen van woede of van frustratie, tranen van zelfbeklag, sentimentele en emotionele tranen. Wij moeten hierin goed onderscheid maken; daarom is het belangrijk de hulp in te roepen van een ervaren geestelijke gids, een *starets*. En nog belangrijker is het goed onderscheid te maken in het "in talen spreken". Vaak is het niet de Geest die door die talen spreekt maar de zo menselijke zin voor autosuggestie en massa-hysterie. Het gebeurt zelfs dat "in talen spreken" een vorm van bezetenheid is door de duivel. "Vrienden, vertrouwt niet elke geest. Onderzoekt de geesten, of ze wel van God komen" (1 Joh. 4,1).

Hoewel de Orthodoxie het dus belangrijk vindt de Heilige Geest op directe wijze te ervaren, dringt zij er ook op aan onderscheid te maken en nuchter te blijven. Onze tranen en elke vorm van deelname aan de gaven van de Geest, moeten gezuiverd worden van alle fantasie en emotionele geladenheid. Gaven die echt geestelijk zijn, mogen niet verworpen worden maar wij moeten ze nooit nastreven als een doel op zichzelf. De bedoeling van ons gebedsleven is niet iets te "voelen", van welke aard ook, maar gewoon onze wil eenvoudigweg en alleen te verenigen met de wil van God. "Het gaat mij niet om uw geld maar om uzelf" (2 Kor. 12,14), zegt de H. Paulus tot de Korinthiërs; en wij zeggen hetzelfde tot God. Wij zoeken niet de gaven maar de Schenker.

Een aanroeping tot de Heilige Geest:

Kom, waarachtig Licht.
Kom, eeuwig Leven.
Kom, verborgen Mysterie.
Kom, Schat zonder naam.
Kom, onuitsprekelijke Werkelijkheid.
Kom, Wezen dat alle begrip te boven gaat.
Kom, eindeloze Vreugde.
Kom, Licht dat geen avond kent.
Kom, onfeilbare Verwachting van alle geredden.
Kom, Verheffer van de gevallenen.
Kom, Opstanding van de doden.
Kom, Almachtige, want onophoudelijk schept, herschept en verandert Gij alles, alleen door Uw wil.
Kom, Onzichtbare, die door niemand kan aangeraakt of beroerd worden.
Kom, want Gij blijft steeds onbewogen en toch zijt Gij elk ogenblik in beweging; Gij komt dicht bij ons die in de hel zijn en toch blijft Gij hoger dan de hemelen.
Kom, want Uw Naam vervult ons hart met verlangen en is steeds op onze lippen; toch weten wij niet en kunnen wij niet zeggen Wie of hoe Gij zijt.
Kom, Eenzame voor de eenzamen.
Kom, want Gijzelf zijt het verlangen dat in mij leeft.
Kom, rnijn Adem en mijnLeven.
Kom, Troost van mijn nederige ziel.

Kom, mijn Vreugde, mijn Glorie, mijn eindeloze Verrukking.
H. Symeon de Nieuwe Theoloog

De Heilige Geest is Licht en Leven,
Hij is de levende geestelijke Bron;
De Geest van wijsheid en Geest van kennis;
goed, rechtvaardig en wijs,
heersend en zonden reinigend;
God en vergoddelijkend;
Vuur dat uitgaat van Vuur;
sprekend en handelend door het verdelen van zijn Gaven;
Hij kroont alle Profeten, met Gods Apostelen en de Martelaren;
Ziet, hoe wonderbaar het Vuur uiteengaat om de gaven te verdelen.
Uit de Vespers van het feest van Pinksteren.

Iedereen die op orthodoxe wijze is gedoopt, heeft op verborgen wijze de volheid van de genade ontvangen; en als hij dan verder de geboden onderhoudt, zal hij zich van deze genade in zichzelf bewust worden. Hoezeer iemand ook groeit in geloof, hoe groot ook de zegeningen zijn die hij bereikt, hij zal en kan nooit iets ontdekken dat belangrijker is dan wat hij reeds in het geheim ontvangen heeft bij zijn Doop. Christus Die de volmaakte God is, schenkt de gedoopte de volmaakte genade van de Geest. Zelf kunnen wij aan die genade niets toevoegen maar zij zal ons op toenemende wijze worden onthuld en in ons werkzaam worden, naarmate wij intenser de geboden onderhouden. Alles wat wij Hem na die wedergeboorte zullen aanbieden, was reeds in ons aanwezig en kwam oorspronkelijk van Hem.
H. Marcus de Monnik

De goddelijke Personen doen zich niet gelden maar de Ene legt getuigenis af van de Andere. Daarom zei de H. Johannes van

Damascus dat "de Zoon het beeld is van de Vader en de Geest het beeld van de Zoon". Daaruit volgt dat alleen de derde Persoon van de Drie-eenheid niet weerspiegeld is in een andere Persoon. De Heilige Geest treedt niet op de voorgrond, Hij blijft verborgen ook in Zijn daadwerkelijke verschijning...
De Heilige Geest is de hoogste zalving van Christus en van alle Christenen die geroepen zijn om met Hem te regeren in de Tijd die komt. Dan zal Zijn goddelijke Persoon, die nu nog ongekend is omdat Hij niet weerspiegeld is in een ander lid van de Drie-eenheid, Zich openbaren in vergoddelijkte mensen: want de vele Heiligen zullen Zijn beeld zijn.

Vladimir Lossky

Alles schenkt ons de Heilige Geest:
Hij doet Profetieën ontspringen;
Hij wijdt de priesters;
Ongeletterden onderricht Hij in wijsheid;
Vissers maakt Hij tot ware theologen;
Hij is de Stichter van de Kerk.
Gij die Eén van wezen zijt en medetroont met de Vader en de Zoon, Heilige Trooster, ere zij U.

        Uit de Vespers van het feest van Pinksteren.

HOOFDSTUK 6

GOD ALS GEBED

Ikzelf leef niet meer, Christus is het Die leeft in mij.
Galaten 2,20

Er bestaat geen leven zonder gebed. Zonder gebed is er alleen waanzin en afschuw.
De ziel van de Orthodoxie ligt in de gave van het gebed.
Vasili Rozanov

De broeders vroegen aan Vader Agathoon: "Welke deugd, Vader, kost onder alle levenswijzen de meeste moeite?" Hij zei tot hen: "Neemt u me niet kwalijk, maar ik denk, dat er geen andere moeite bestaat dan te bidden tot God. Want telkens als de mens verlangt te bidden, willen de vijanden het hem beletten. Zij weten immers, dat zij alleen gehinderd worden door het bidden tot God. En vervolgens, op welke levenswijze een mens zich ook toelegt, hij zal, als hij erin volhardt, daar tevens verkwikking in vinden, maar bidden kost strijd tot de laatste ademtocht"
Vaderspreuken

De Drie Etappes op de Weg

Kort nadat ik tot priester was gewijd, vroeg ik aan een Griekse bisschop hoe ik het best kon preken. Zijn antwoord was kort en duidelijk "Elke homilie zou drie punten moeten bevatten, noch minder noch meer."

Ook de geestelijke Weg wordt gewoonlijk in drie etappes ingedeeld. Voor de H. Dionysius de Areopagiet zijn dat: *zuivering, verlichting* en *vereniging* -een schema dat ook in het Westen vaak gehanteerd wordt. De H. Gregorius van Nyssa die het leven van Mozes als model neemt (zie blz. 20) spreekt over *licht, wolk* en *duisternis*. Maar in dit hoofdstuk zullen wij het enigszins andere schema volgen dat bedacht werd door Origenes, bijgewerkt door Evagrius en volledig uitgewerkt door de H. Maximus de Belijder. Hier is de eerste stap *depraktiki* of de beoefening van de deugden; de tweede stap is de *physiki* of de contemplatie van de natuur; de derde en laatste stap, het einde van onze reis, is de *theologia* of "theologie" in de strikte betekenis van het woord, dat is de aanschouwing van God zelf.

De eerste etappe, de beoefening van de deugden, begint met berouw. Door te luisteren naar zijn geweten en door zijn eigen vrije wil te gebruiken, tracht de gedoopte Christen met Gods hulp te ontsnappen aan de slavernij van de hartstochten. Door de geboden te onderhouden en een beter begrip te krijgen van goed en kwaad en van wat "hoort", bereikt hij geleidelijk de zuiverheid van hart; en dat is het uiteindelijk doel van de eerste etappe. Bij de tweede etappe, de contemplatie van de natuur, scherpt de Christen zijn perceptie van het feit dat het geschapene "er is" en zo ontdekt hij de Schepper Die in alles aanwezig is. Dit leidt hem tot de derde etappe, het directe zien van God, dat niet alleen in maar ook boven en buiten alles is. In dit derde stadium ervaart de Christen God niet alleen door zijn geweten of door de schepping, maar ontmoet hij de Schepper van gelaat tot gelaat in een liefdesband die geen bemiddelaar nodig heeft. Pas in de Komende Tijd zullen wij de goddelijke glorie ten volle aanschouwen maar reeds in dit leven genieten de Heiligen van de zekere belofte en de eerste vruchten van de verwachte oogst.

De eerste etappe wordt vaak het "actieve leven" genoemd, terwijl de tweede en de derde gezamenlijk aangeduid worden als het "comtempla-tieve leven". Wanneer Orthodoxe schrijvers deze termen gebruiken, dan verwijzen zij gewoonlijk naar een innerlijke spirituele toestand en niet naar uiterlijke omstandigheden. Niet alleen de maatschappelijk werker of de missionaris leidt een "actief leven"; ook de kluizenaar doet dit, in zoverre hij blijft worstelen om zijn passies te bedwingen en te groeien in deugdzaamheid. Zo is ook het "contemplatieve leven" niet beperkt tot de woestijn of de omsloten ruimte van het klooster; ook een mijnwerker, een typiste of een huisvrouw kunnen innerlijke stilte en gebed van het hart bezitten en daarom, in de echte betekenis van het woord "contemplatief" zijn. In de *Vaderspreuken* vinden we het volgende verhaal over de H. Antonius, de grootste kluizenaar van alle tijden. Men vertelde aan Vader Antonius in de woestijn: "In de stad is er iemand die uw gelijke is, een dokter. Hij geeft alles wat hij kan missen aan de behoeftigen en de hele dag zingt hij, samen met de engelen, de hymne van het Driemaal Heilig."

Het beeld van de drie etappes op de Weg is zinvol maar moet niet al te letterlijk opgevat worden. Gebed is een levende relatie tussen personen en persoonlijke relaties kunnen niet netjes in hokjes geplaatst worden. Ook moeten we er de nadruk op leggen dat de drie etappes niet precies na elkaar komen; het is niet zo dat de ene begint waar de vorige eindigt. Soms vangt iemand, als een onverwacht geschenk van God, een glimp op van de goddelijke heerlijkheid, nog voor hij er ook maar mee begonnen is berouw te tonen of de strijd van het "actieve leven" aan te binden. Het tegenovergestelde gebeurt eveneens: iemand die door God zeer diep is ingewijd in de geheimen van de contemplatie, moet zijn leven lang blijven strijden tegen bekoringen; tot zijn laatste ademtocht op aarde moet hij blijven leren berouw te hebben. "Een mens moet tot zijn laatste dag rekening houden met bekoringen", zegt de H. Antonius van Egypte. Elders in de *Vaderspreuken* wordt de dood van Vader Sisoês beschreven, een van de heiligste en meest geliefde "ouderlingen". De broeders die rond zijn bed stonden, zagen zijn lippen bewegen. "Tot wie spreekt gij, Vader?" vroegen zij. "Kijk" antwoordde hij "de engelen zijn gekomen om mij te halen maar ik vraag hun wat meer tijd - meer tijd om berouw te hebben."Zijn leerlingen zeiden: "U hoeft toch geen berouw te hebben." Maar de oude man zei: "Ik weet echt niet of ik al met berouw begonnen ben." Zo eindigde zijn leven. In de ogen van zijn geestelijke kinderen was hij reeds volmaakt, maar in zijn eigen ogen stond hij nog maar aan het prille begin.

Niemand kan dus in dit leven zeggen dat hij de eerste etappe beëindigd heeft. De drie etappes verlopen niet zozeer na elkaar, als wel gelijktijdig. Wij moeten het spirituele leven zien als drie zich steeds verdiepende niveaus die van elkaar afhankelijk zijn en naast elkaar bestaan.

Drie vooronderstellingen

Alvorens verder te gaan met deze drie niveaus of etappes, is het goed drie onontbeerlijke elementen te vermelden die op elk punt van de geestelijke Weg verondersteld zijn. Ten eerste: wij gaan ervan uit dat de reiziger op de Weg *een lid is van de Kerk*. De reis wordt samen met anderen, niet in afzondering ondernomen. De Orthodoxe Traditie is zich intens bewust van het kerkelijke karakter van elk waarachtig Christendom. Laten wij een vroeger citaat van Aleksej Khomiakov (zie blz. 73) weer opnemen en aanvullen:

Niemand wordt alleen gered. Hij die gered wordt, wordt gered in de Kerk, als lid van de Kerk, in verbondenheid met alle andere leden. Wanneer iemand gelooft, dan behoort hij tot de gemeenschap van het geloof; wanneer hij liefheeft, behoort hij tot de gemeenschap van de liefde; wanneer hij bidt, behoort hij tot de gemeenschap van het gebed.

En V. Alexander Elchaninov merkt op:

Onwetendheid en zonde zijn kenmerkend voor mensen die alleen leven. Slechts in de eenheid van de Kerk kunnen deze tekortkomingen overwonnen worden. De mens kan pas zichzelf worden in de Kerk, niet in de hulpeloosheid van geestelijke afzondering maar in de kracht van de communio met zijn broeders en zijn Redder.

Het is natuurlijk een feit dat er velen zijn die Christus en Zijn Kerk bewust verwerpen en anderen die nooit van Hem hebben gehoord; toch zijn deze mensen, zonder dat zij zich ervan bewust zijn, diep in hun hart, impliciet en in hun hele levenswandel, echte dienaars van de ene Heer. God kan de mensen redden welke in dit leven nooit tot Zijn Kerk hebben behoord. Maar van *ons* standpunt uit bekeken, geeft dit niemand van ons het recht te zeggen: "Ik heb de Kerk niet nodig." Er bestaat in het Christendom geen geestelijke *elite* die verschoond is van de verplichting lid te zijn van de Kerk. De kluizenaar in de woestijn is evengoed lid van de Kerk als de handwerkman in de stad. Het ascetische, mystieke pad dat in zekere zin "de vlucht is van de eenzame naar de Eenzame" is tegelijk ook echt sociaal en gemeenschappelijk. De Christen is iemand die broers en zusters heeft. Hij behoort tot een familie -de familie van de Kerk.

Ten tweede: de geestelijke Weg veronderstelt niet enkel

leven in de Kerk maar *leven in de Sacramenten*. Zoals Nicolas Cabasilas sterk benadrukt: het is door de Sacramenten dat wij in Christus leven. Ook hier is geen plaats voor elitarisme. Wij moeten ons niet inbeelden dat er een pad is voor de "gewone" Christen - het pad van gezamenlijke Liturgische Dienst rond de Sacramenten - en een ander pad voor een paar uitgelezen enkelingen die geroepen zijn tot innerlijk gebed. Integendeel, er is slechts één weg: de weg van de Sacramenten en de weg van innerlijk gebed zijn geen alternatieven maar zij vormen een hechte eenheid. Niemand kan echt Christen zijn zonder deel te hebben aan de Sacramenten, zoals niemand ook echt Christen kan zijn wanneer hij de Sacramenten enkel beschouwt als een mechanisch ritueel. De kluizenaar in de woestijn ontvangt waarschijnlijk minder vaak de Communie dan de Christen in de stad, maar dat betekent geenszins dat de Sacramenten voor hem minder belangrijk zouden zijn, alleen dat het ritme van zijn sacramenteel leven anders is. God is zeker in staat de mensen te redden die nooit gedoopt zijn; maar, ofschoon God niet gebonden is aan Sacramenten, zijn wij dat wel.

Eerder reeds zagen wij, met de H. Marcus de Monnik (blz. 118), hoe het hele ascetische, mystieke leven reeds bevat ligt in het Sacrament van de Doop; hoever iemand ook vordert op de Weg, alles wat hij ontdekt is niets anders dan het openbaar en zichtbaar worden van de genade van de Doop . Hetzelfde kan gezegd worden over de Heilige Communie: het hele ascetische, mystieke leven is een verdieping en verwerkelijking van onze Eucharistische vereniging met Christus de Heiland. In de Orthodoxe Kerk ontvangen de kinderen de Communie vanaf het ogenblik dat ze gedoopt zijn. Dit houdt in dat de vroegste herinneringen die een Orthodoxe Christen aan de Kerk heeft, waarschijnlijk zullen verbonden zijn met het naar voren gaan om Christus' Lichaam en Bloed te ontvangen; en hij hoopt dat ook zijn laatste bewuste daad het ontvangen van de Goddelijke Gaven zal zijn.

Zo beleeft hij zijn hele bewuste leven lang de Heilige Communie. Het is vooral door de Communie dat de Christen één wordt met en in Christus, "verchristelijkt", "vergoddelijkt"; het is vooral door de Communie dat hij de eerste vruchten van de Eeuwigheid plukt. "Gezegend is hij die het brood van Liefde, dat Jezus is, gegeten heeft" schrijft de H. Isaac de Syriër. "Terwijl hij nog in de wereld is, ademt hij de lucht van de verrijzenis waarin de rechtvaardigen zich zullen verheugen na de opstanding uit de dood." "Alle menselijk streven bereikt hier haar uiteindelijk doel" zegt Nicolas Cabasilas. "Want in dit Sacrament bereiken we God Zelf en wordt God Zelf op de meest volmaakte wijze met ons verenigd... Dit is het eindmysterie: verder kunnen we niet gaan en er kan niets aan toegevoegd worden."

De geestelijke Weg is niet alleen maar ecclesiaal en Sacramenteel: hij is ook *Evangelisch.* Dit is de derde onontbeerlijke voorwaarde voor een Orthodoxe Christen. Bij elke stap op de Weg keren we ons tot God om ons te laten leiden door Zijn stem die tot ons spreekt in de Bijbel. In de *Vaderspreuken* staat: "De ouderlingen zeiden: Dit is het wat God van Christenen verwacht, dat zij de heilige Schriften als hun norm aanvaarden door het gelezene uit te voeren."(Maar elders benadrukken de *Vaderspreuken* ook het belang van de leiding door een geestelijke vader, om ons te helpen de Schrift juist te begrijpen). Toen men aan de H. Antonius van Egypte vroeg: "Wat moet ik onderhouden om God te behagen?" gaf de grijsaard hen ten antwoord: "Wat ik u opdraag, onderhoud dat. Waar u ook heengaat, houd immer God voor ogen. En wat u ook doet of zegt, zorg dat u een getuigenis hebt uit de heilige Schriften. En op welke plaats u zich ook bevindt, verander niet te gauw. Onderhoud deze drie zaken, en u wordt gered." "De enige zuivere en nooit verdorrende bron van de geloofsleer" schrijft Metropoliet Filaret van Moskou "is het geopenbaarde Woord van God, zoals het vervat is in de Heilige Schrift."

Bisschop Ignati Brjantchaninov gaf de volgende raadgeving aan iemand die als novice binnentrad in een klooster, maar die zeker even goed op leken van toepassing is:

Van het ogenblik dat een monnik het klooster binnentreedt, zou hij zoveel mogelijk zorg en aandacht moeten besteden aan het lezen van het Heilig Evangelie. Hij zou het Evangelie zo intens moeten bestuderen dat het hem altijd voor de geest staat. Bij elke morele beslissing die hij neemt, bij elke daad, bij elke gedachte, zou hij altijd onmiddellijk moeten weten wat het Evangelie daarover zegt... Blijf het Evangelie bestuderen tot aan het einde van je leven. Houd er nooit mee op. Denk niet dat je het voldoende kent, ook al ken je het helemaal van buiten.

Hoe staat de Orthodoxe Kerk tegenover de kritische bestudering van de Bijbel zoals die gedurende de laatste twee eeuwen in het Westen werd ondernomen? Aangezien ons verstand een gave is van God, is het zeker toegelaten de Bijbelse bronnen te bestuderen. Maar hoewel wij dit onderzoek niet totaal verwerpen, kunnen wij het, als Orthodoxen, toch niet helemaal aanvaarden. Wij moeten altijd voor ogen houden dat de Bijbel niet zomaar een verzameling van historische documenten is, maar het *Boek van de Kerk dat Gods woord bevat.* En daarom lezen wij de

Bijbel niet als aparte individuen die hem interpreteren alnaargelang ons eigen begrip of volgens de gangbare theorieën over de bronnen, de vorm of de tekstkritiek. Wij lezen hem als leden van de Kerk, in communio met alle andere leden door de eeuwen heen. Het uiteindelijke criterium voor onze interpretatie van de Schrift is: *Wat denkt de Kerk erover?* Dat betekent dat wij steeds voor ogen moeten houden hoe de Schrift verklaard en toegepast werd in de Heilige Traditie; dat wil zeggen: hoe de Bijbel begrepen werd door de Vaders en de Heiligen en hoe hij gebruikt wordt in de Liturgische Eredienst.

Wanneer wij de Bijbel lezen, verzamelen wij voortdurend informatie, wij worstelen met de betekenis van duistere zinnen, wij vergelijken en analyseren. Maar dit komt slechts op de tweede plaats. Het werkelijke doel van bijbelstudie is veel meer dan dat, namelijk onze liefde voor God te voeden, ons hart te doen ontvlammen in gebed en ons te laten leiden in ons persoonlijk leven. De bestudering van de woorden zou moeten plaats maken voor een directe dialoog met het levende Woord zelf. De H.Tikhon van Zadonsk zegt: «Wanneer je de Bijbel leest, spreekt Christus Zelf tot je. En terwijl je leest, bid je en praat je met Hem.»

Daarom worden de Orthodoxen aangemoedigd langzaam en aandachtig de Bijbel te lezen, zodat het bestuderen leidt tot gebed, zoals de *lectio divina* van de Benedictijnen en Cisterciënzers. Maar meestal worden voor deze aandachtige lezing geen gedetailleerde regels of methodes aangereikt. De Orthodoxe spirituele traditie maakt weinig gebruik van "verstandelijke meditatiemethodes" zoals die in het contrareformatorische Westen uitgewerkt werden door Ignatius van Loyola of Franciscus van Sales. Een van de redenen waarom de Orthodoxen weinig behoefte hebben aan zulke methodes is dat de Liturgische Diensten die zij bijwonen, vooral bij Grote Feesten en gedurende de Vasten, zeer lang zijn en dat daarin sleutelteksten en -beelden vaak herhaald worden. Dit alles volstaat om de geest van de gelovige te voeden, zodat hij geen behoefte meer heeft aan een dagelijks moment van uitdrukkelijke meditatie om de boodschap van de Liturgische Diensten te overdenken en uit te diepen. Wanneer wij de Bijbel op een vrome manier benaderen, dan zien wij dat hij altijd actueel is - niet een geschrift dat in een ver verleden opgesteld is, maar een boodschap die hier en nu tot mij persoonlijk gericht wordt. De H. Marcus de Monnik zegt: "Wie nederig van geest is en spiritueel betrokken, zal bij het lezen van de H. Schrift, alles op Zichzelf toepassen en niet op iemand anders." Omdat de Bijbel een Boek is dat op unieke wijze geïnspireerd is door God en dat tot elke gelovige persoonlijk gericht is, bezit het sacramentele kracht: het schenkt de lezer genade en brengt hem op een beslissend ontmoetingspunt. Kritische wetenschap wordt geenszins uitgesloten maar de ware betekenis van de Bijbel zal slechts duidelijk worden voor hen die de Bijbel zowel met hun geestelijk intellect als met hun logisch denkvermogen bestuderen.

De Kerk, de Sacramenten, de Schrift - die drie dingen zijn onontbeerlijk op onze reis. Laten wij nu de drie etappes bekijken: het actieve leven of het beoefenen van de deugden, de contemplatie van de natuur, de aanschouwing van God.

Het Rijk der Hemelen lijdt geweld

Zoals de titel aangeeft, vraagt het actieve leven van onze

kant inspanning, strijd en de volhardende inzet van onze vrije wil. "Hoe nauw is de poort en hoe smal de weg die voert naar het leven ... Niet ieder die tot Mij zegt 'Heer, Heer!' zal binnengaan in het Koninkrijk der Hemelen, maar hij die de wil doet van Mijn Vader" (Mat. 7,14; 21). Wij moeten een evenwicht weten te houden tussen twee complementaire waarheden: zonder Gods genade *kunnen* wij niets doen; maar zonder onze vrijwillige medewerking *zal* God niets doen. "De wil van de mens is een essentiële voorwaarde, want zonder die wil doet God niets" *(De Homiliën van de H. Macarius).* Onze verlossing is het resultaat van het samenkomen van twee factoren die niet gelijkwaardig maar beide onontbeerlijk zijn: het goddelijk initiatief en het menselijk antwoord. Wat God doet is oneindig veel belangrijker, maar zonder de medewerking van de mens gaat het niet.

In een niet-gevallen wereld zou de mens spontaan en vol vreugde de goddelijke liefde beantwoord hebben. Zelfs in een gevallen wereld is er nog iets van die spontaneïteit en vreugde aanwezig, maar we moeten vastberaden vechten tegen diepgewortelde gewoonten en neigingen die het resultaat zijn van de zonde, zowel de erfzonde als onze persoonlijke zonden. Een van de belangrijkste eigenschappen die een reiziger op de Weg moet bezitten, is trouwe volharding. Wie de berg van God wil beklimmen, moet het doorzettingsvermogen van een echte bergbeklimmer bezitten.

De mens moet zichzelf - dat wil zeggen: zijn gevallen ik - geweld aandoen, want "het Rijk der Hemelen breekt met geweld baan en geweldenaars maken het buit" (Mat. 11,12). Dit wordt ons herhaaldelijk voorgehouden door onze gidsen op de Weg en laten wij niet vergeten dat hun woorden gericht zijn tot zowel gehuwden als tot monialen en monniken: "Deze zaken vordert God op van de mens: de geest, het woord en de daad ... Wilt ge gered worden na uw dood? Geef uzelf dan zonder, voorbehoud. Zwoeg, zoek en gij zult vinden; wees waakzaam, klop en u zal worden opengedaan" *(Vaderspreuken)*. "Onze huidige tijd is geen tijd voor rust en slaap; het is een strijd, een gevecht, een markt, een school, een reis. Daarom moet je jezelf inspannen en niet moedeloos en lui zijn, maar je inzetten voor heilige daden" (Starets Nazari van Valaamo). "Je bereikt niets zonder inspanning. God staat altijd klaar om te helpen en Hij is altijd nabij; Hij schenkt echter Zijn hulp slechts aan diegenen die zoeken en werken, en slechts aan die zoekers die, nadat ze zich met hart en ziel aan hun taak hebben gewijd, uitroepen: God, help ons!" (Bisschop Feofan de Kluizenaar). "Waar geen zorg is, is geen redding" (H. Serafim van Sarov). "Rusten is hetzelfde als het opgeven" (Tito Colliander). Maar opdat we ons door die strenge woorden niet zouden laten ontmoedigen, wordt ons ook gezegd: "Heel 's mensenleven is als een enkele dag voor hen die smachten van verlangen" *(Vaderspreuken)*. Wat betekenen in de praktijk al die woorden over inspanning en lijden? Zij betekenen dat wij elke dag onze relatie met God moeten hernieuwen door een levend gebed; en bidden is, zoals Vader Agathoon ons herinnert, de moeilijkste opgave die er bestaat. Als wij bidden niet moeilijk vinden, dan betekent dit misschien dat wij er nog niet echt aan toe zijn. Dit betekent ook dat wij elke dag onze relatie met anderen moeten hernieuwen door vindingrijke genegenheid, door daden van daadwerkelijk rnededogen en door onze eigen wil het zwijgen op te leggen. Dit houdt in dat wij het Kruis van Christus moeten opnemen, niet eenmaal, met een groots gebaar, maar elke dag opnieuw: "Wie Mijn volgeling wil zijn, moet Mij volgen door Zichzelf te verloochenen en *elke* dag *opnieuw* zijn kruis op te nemen." (Luc. 9,23). Maar wanneer wij elke dag opnieuw ons kruis opnemen, delen wij ook elke dag in de Transfiguratie en de Verrijzenis van de Heer. "Wij treuren maar zijn altijd blij; wij zijn berooid maar maken velen rijk; wij zijn haveloos maar de wereld is van ons... wij sterven maar blijven leven" (2 Kor. 6,9-10).

Een verandering van Geest en Gemoed

Zo ziet het actieve leven er in het algemeen uit. Het wordt bovenal gekenmerkt door vier belangrijke kwaliteiten: het berouw, de waakzaamheid, het onderscheidingsvermogen en het behoeden van het hart. Laten wij deze vier eens elk afzonderlijk bekijken.

"Het begin van de verlossing ligt in de veroordeling van zichzelf" (Evagrius). Berouw is het startpunt van onze reis. De Griekse term *metanoia* betekent in de eerste plaats "verandering van geest en gemoed" (zie blz. 21). Goed begrepen berouw is niet negatief maar positief. Het houdt geen zelfbeklag of wroeging in, maar bekering, ons hele leven opnieuw op de Drie-eenheid richten. Het is niet met spijt achteruit, maar hoopvol vooruit kijken, niet naar beneden naar onze eigen tekortkomingen, maar naar boven naar Gods Liefde. Het is niet kijken naar wat we hadden kunnen zijn, maar naar wat we met Gods hulp kunnen worden; en het is daarnaar handelen. Berouw hebben is onze ogen openen voor het licht. In deze zin is berouw geen losstaande daad, een eerste stap, maar een bestendige toestand, een houding van hart en wil die, tot het einde van ons leven, onophoudelijk vernieuwd moet worden. De H. Hêsias van Skêtis zei: "God wil dat wij berouw hebben tot onze laatste ademtocht". "Gij hebt dit leven gekregen om berouw te hebben", zegt de H. Isaac de Syriër. "Verspil het niet aan andere dingen".

Berouw hebben wil zeggen ontwaken. Berouw, verandering van geest, leidt tot waakzaamheid. De Griekse term *nepsis* die hier gebruikt wordt, betekent letterlijk: soberheid en waakzaamheid, het tegengestelde van een staat van verdoving door drugs of alcohol; in de context van het geestelijk leven betekent het dus oplettendheid, waakzaamheid, bezinning. Toen de verloren zoon berouw had, werd over hem gezegd dat hij "tot nadenken kwam" (Luc. 15,17). De " neptische" mens is iemand die tot zichzelf gekomen is, die niet zit te dagdromen, die zich niet doelloos laat leiden door voorbijgaande ingevingen, maar die weet waar hij naartoe wil. Zoals het *Evangelie van de Waarheid* (midden tweede eeuw) zegt: , , Hij is als iemand die ontwaakt uit dronkenschap en weer tot Zichzelf komt... Hij weet waar hij vandaan komt en waar hij heengaat. "

Waakzaamheid betekent onder andere ook: *aanwezig te zijn waar we zijn* - op deze bepaalde plaats in de ruimte, op dit bepaalde ogenblik in de tijd. We leven al te dikwijls versnipperd en verspreid; we leven niet vol aandacht in het heden, maar met heimwee naar het verleden of met bange voorgevoelens voor de toekomst. Hoewel wij onze toekomst inderdaad moeten plannen - want waakzaamheid is het tegengestelde van loomheid - mogen we er slechts aan denken in zoverre deze afhankelijk is van het heden. Angst om wat misschien ooit zal gebeuren maar waar wij totaal geen vat op hebben, is pure verspilling van onze geestelijke krachten.

De "neptische" mens leeft *hier en nu*. Hij is iemand die de *kairos* aangrijpt, die op het juiste ogenblik zijn kans waarneemt. C.S. Lewis schrijft in *The Screwtape Letters*:

"God wil dat de mensen vooral op twee zaken letten: op de eeuwigheid zelf en op dat moment van de tijd dat zij het Heden noemen. Want het Heden is het punt waarop de tijd de eeuwigheid raakt. De mensen kennen alleen het heden, terwijl God tijd en eeuwigheid kent. Alleen in het heden vinden zij vrijheid en werkelijkheid." En Meester Eckhart zegt: "In hem die steeds in het *heden* vertoeft, verwekt God steeds opnieuw zijn Zoon."

De "neptische" mens is iemand die dit "Sacrament van het nu" begrijpt en die tracht ernaar te leven. Hij zegt tot zichzelf, met de woorden van Paul Evdokimov: "Het uur dat je nu doormaakt, de mens die je hier en nu ontmoet, de taak waaraan je op dit preciese ogenblik bezig bent, dat alles is altijd het belangrijkste in je hele leven." Hij maakt de wapenspreuk van Ruskin tot de zijne: *Vandaag, vandaag, vandaag.* "Er is een stem die de mens toeroept tot zijn laatste ademtocht: Bekeer u vandaag nog" *(Vaderspreuken).*

Wanneer een reiziger op de Weg groeit in waakzaamheid en zelfkennis, dan verwerft hij ook stilaan het onderscheidingsvermogen (in het

Grieks *diakrisis*). Dit is een soort geestelijk smaakgevoel. Zoals een gezond fysiek smaakgevoel een mens onmiddellijk vertelt of voedsel bedorven is of niet, zo stelt het geestelijk smaakgevoel - als het ontwikkeld is door ascese en gebed - een mens in staat onderscheid te maken tussen de verschillende gedachten en opwellingen die in hem opkomen. Hij leert het verschil tussen goed en kwaad, tussen het overbodige en het zinvolle, tussen fantasieën die geïnspireerd zijn door de duivel, en beelden die een afstraling zijn van de hemelse archetypen.

Door dit onderscheidingsvermogen gaat een mens meer aandacht schenken aan wat er binnenin hem gebeurt en leert hij zijn hart te behoeden door de deur te sluiten voor de bekoringen of uitdagingen van de vijand. "Bewaar uw hart, meer dan alles wat gij moet behoeden" (Spr. 4,23). Wanneer in Orthodoxe spirituele teksten wordt gesproken over het hart, dan moeten wij dat verstaan in zijn volle bijbelse betekenis. Het hart is niet alleen het fysiek orgaan in de borstkas, niet alleen de plaats van emoties en gevoelens, maar het spirituele centrum van het menselijk wezen, de menselijke persoon, gemaakt naar Gods beeld - het diepste en waarachtigste in hemzelf, de innerlijke schrijn die men slechts door offer en dood kan betreden. Het hart is dus nauw verwant met het geestelijk intellect waarover wij reeds gesproken hebben (blz. *56);* in bepaalde contexten zijn beide begrippen haast onderling verwisselbaar. Maar "hart" heeft dikwijls een meer omvattende betekenis dan "intellect". "Gebed van het hart" betekent in de Orthodoxe Traditie: gebed van de hele persoon, waarin intellect, begrip, wil, gevoelens en ook het lichaam zelf betrokken zijn.

Een essentieel kenmerk van het behoeden van zijn hart is de *strijd tegen de hartstochten.* Onder hartstocht verstaan we hier niet alleen seksueel verlangen, maar elke ongetemde drang of elk verlangen dat met geweld bezit neemt van onze ziel: woede, jalouzie, gulzigheid, gierigheid, machtswellust, hoogmoed enzovoort. Veel Vaders beschouwen de hartstochten als iets dat intrinsiek slecht is, dat wil zeggen, als innerlijke kwalen die vreemd zijn aan de ware aard van de mens. Sommige echter nemen een positiever standpunt in en beschouwen de driften als dynamische impulsen die oorspronkelijk door God in de mens geplaatst zijn en dus fundamenteel goed zijn, maar door de zonde vervormd. Dit tweede, meer subtiele standpunt wil de hartstochten niet uitbannen maar ze opnieuw in de goede richting sturen. Redeloze woede moet omgevormd worden tot gerechtvaardigde verontwaardiging, hatelijke jaloezie tot ijveren voor de waarheid, seksuele lust tot een *eros* die zuiver is in zijn gloed. Hartstochten moeten gezuiverd worden, niet gedood; gericht, niet uitgeroeid; ten goede gebruikt, niet ten kwade. We moeten tot onszelf en tot anderen niet zeggen: "Onderdruk ze" maar "vorm ze om". Deze inspanning om de hartstochten te zuiveren moet zowel op het niveau van het lichaam als op dat van de ziel gevoerd worden. Op het niveau van de ziel worden ze gezuiverd door gebed, door het regelmatig ontvangen van de sacramenten van Biecht en Communie, door het dagelijks lezen van de Heilige Schrift, door onze geest te voeden met wat goed is, door praktische daden van liefdevolle dienstbaarheid aan anderen. Op het niveau van het lichaam worden ze vooral gezuiverd door vasten en onthouding en door zich vaak ter aarde te werpen tijdens het gebed. In het besef dat de mens geen engel is, maar een eenheid van ziel en lichaam, benadrukt de Orthodoxe Kerk de geestelijke waarde van lichamelijk vasten. Wij vasten niet omdat eten of drinken onrein zou zijn. Integendeel: voedsel en drank zijn een gave van God, waar we met vreugde en dankbaarheid gebruik van maken. Wij vasten niet omdat wij de goddelijke gave misprijzen maar om onszelf ervan bewust te maken dat het inderdaad een gave is, om ons eten en drinken te zuiveren, zodat het niet langer een toegeven is aan gulzigheid maar een Sacrament en een middel tot vereniging met de Schenker. Zo begrepen is ascetisch vasten niet gericht tegen het lichaam maar tegen het vlees (zie blz. 71). Het doel is niet destructief maar opbouwend; wij vasten niet om het lichaam te verzwakken maar om het te vergeestelijken.

Zuivering van de hartstochten leidt in feite, met de genade van God, tot wat Evagrius noemt *apatheia* of "het beheersen van de hartstochten". Hiermee bedoelt hij niet een negatieve toestand van onverschilligheid of ongevoeligheid waarin wij geen verleiding meer *voelen*, maar een positieve toestand van reïntegratie en geestelijke vrijheid waarin wij niet langer *toegeven* aan de verleiding. Misschien kan *apatheia* het best vertaald worden door "zuiverheid van hart". Het betekent: overgaan van onstandvastigheid tot standvastigheid, van dubbelhartigheid tot oprechtheid van hart, van de onrijpheid van angst en wantrouwen tot de rijpheid van onschuld en vertrouwen. Voor Evagrius zijn beheersing en liefde zeer nauw met elkaar verbonden, als de twee zijden van een muntstuk. Wie wellustig is, kan niet liefhebben. Beheerst zijn betekent, niet langer beheerst worden door zelfzucht en onmatig begeren en zo bekwaam worden om echt lief te hebben.

De "passieloze" mens is helemaal niet apatisch, maar is iemand wiens hart brandt van liefde tot God, tot de andere mensen, tot elk levend schepsel, tot alles wat God gemaakt heeft. Zoals de H. Isaac de Syriër schrijft:

Wanneer iemand met zulk een hart de schepping bekijkt, dan vullen zijn ogen zich met tranen omdat zijn hart door een groot medelijden overweldigd wordt. Zijn hart wordt teder en hij kan niet verdragen dat iets in de schepping ook maar het geringste onrecht of lijden zou ondergaan. Daarom houdt hij niet op te bidden met ogen vol tranen voor de stomme dieren, voor de vijanden van de waarheid en voor allen die haar met kwaad bedreigen, smekend dat ze mogen behoed worden en Gods erbarming zouden ontvangen. Met groot medelijden dat onophoudelijk opwelt uit zijn hart, bidt hij ook voor de reptielen naar het voorbeeld van God.

Door de Schepping naar de Schepper

De tweede etappe op de drievoudige Weg is de contemplatie van de natuur - meer bepaald: de beschouwing van de natuur in God of de beschouwing van God in en door de natuur. De tweede etappe is dus een inleiding en een toegangsweg tot de derde: door de contemplatie van de dingen die God gemaakt heeft, komt de biddende mens ook tot contemplatie van God zelf. Deze tweede etappe van *physiki* of "beschouwing van de natuur" komt, zoals gezegd, niet noodzakelijk volgend op de *praktiki* maar kan ook gelijktijdig verlopen.

Er is geen enkele contemplatie mogelijk zonder *nepsis* of waakzaamheid. Ik kan noch de natuur, noch God beschouwen als ik niet leer te zijn waar ik ben, hier en nu. Stop, kijk en luister. Dat is het begin van de contemplatie. De beschouwing van de natuur begint wanneer ik mijn ogen open, letterlijk en spiritueel, en de wereld rondom mij waarneem, de *echte* wereld, dat wil zeggen: *Gods* wereld. Een contemplatieve mens is iemand die, zoals Mozes voor het Brandende Braambos (Ex. 3,5), zijn schoenen uitdoet - d.w.z. zichzelf bevrijdt van het dodende gevoel van alledaagsheid en verveling - en dan vaststelt dat de plaats waarop hij zich bevindt, heilige grond is. De natuur aanschouwen is zich bewust worden van de dimensies van de geheiligde ruimte en de geheiligde tijd. *Dit* materiële voorwerp, *deze* persoon tot wie ik spreek, *dit* ogenblik in de tijd - dat alles is heilig; elk van deze is, op zijn eigen manier, uniek en dus van oneindig grote waarde; elk ding kan een venster op de eeuwigheid worden. Wanneer ik gevoeliger word voor Gods wereld rondom mij, dan word ik mij ook meer bewust van Gods wereld *binnenin* mij. Wanneer ik de natuur begin te zien in God, dan leer ik ook mijn eigen plaats als menselijk wezen binnen die natuurlijke orde kennen; ik begin te begrijpen wat het betekent microkosmos en middelaar te zijn.

In de vorige hoofdstukken hebben we gesproken over de theologische basis voor die contemplatie van de natuur. Alle dingen zijn doordrongen van en worden in leven gehouden door de ongeschapen energieën van God en dus is alles een theofanie die zijn aanwezigheid uitstraalt (blz. 29 - 30). In het hart van elk ding is een innerlijk principe of *logos* aanwezig, hem gegeven door de Schepper *Logos;* door die *logoi* treden wij dus in contact met de Logos (blz. 40). God bevindt zich boven en buiten alles - panentheïsme, geen pantheïsme (blz. 54). De natuur aanschouwen is dus, zoals Blake zegt, de "ramen van onze waarneming" schoonmaken, zowel op fysiek als op spiritueel niveau, en zo de energieën of *logoi* van God onderscheiden in alles wat Hij gemaakt heeft. Het is ontdekken - niet zozeer door onze logische rede als wel door ons spiritueel intellect - dat het universum een kosmisch Brandend Braambos is, vervuld van het goddelijk Vuur maar er niet door verteerd.

Dat is de theologische basis. Maar de contemplatie van de natuur berust ook op een morele basis. Wij kunnen geen vorderingen maken in de tweede etappe van de Weg als we niet tegelijk ook vooruitgang boeken in de eerste etappe nl. door de deugden te beoefenen en de geboden te onderhouden. Indien onze contemplatie van de natuur niet stevig geworteld is in het "actieve leven", dan blijft ze louter esthetisch of romantisch en komt ze niet op een echt noëtisch of spiritueel niveau. Wij kunnen de wereld in God niet echt waarnemen zonder een radicaal berouw, zonder een voortdurende verandering van geest.

De contemplatie van de natuur heeft twee nauw samenhangende aspecten. Ten eerste: wij moeten de dingen, mensen en ogenblikken zien zoals zij zijn. Wij moeten elke steen, elk blad, elk grassprietje, elke kikker, elk menselijk gelaat zien zoals zij werkelijk zijn met al hun specifieke kenmerken. Zoals de profeet Zacharia waarschuwt, mogen wij "het kleine begin" niet misprijzen (4,10). Olivier Clément zegt: "Echte mystiek is het buitengewone te ontdekken in het gewone." Niets dat bestaat is waardeloos of verachtelijk, want het is het werk van God en heeft als zodanig een unieke plaats in de geschapen orde. Alleen de zonde is laag en verwerpelijk, evenals de meeste producten van een gevallen, zondige technologie; maar, zoals we reeds hebben opgemerkt, bestaat de zonde niet op zichzelf en ook de producten van de zondigheid zijn, ondanks hun duidelijke hardheid en hun vernietigende kracht, irreëel.

Ten tweede: contemplatie van de natuur betekent dat wij alle dingen, personen en ogenblikken moeten zien als tekens en Sacramenten van God. Met onze geestelijke blik moeten we niet alleen elk facet van het geschapene zien in zijn eigen scherp reliëf, in de schittering van zijn eigen specifiek wezen, maar wij moeten ook zien hoe alles transparant is: in en door elk schepsel moeten wij de Schepper onderscheiden. Wij ontdekken dat elk ding uniek is en wij ontdekken tevens hoe elk ding verwijst, voorbij zichzelf, naar Degene die het gemaakt heeft. Zo leren we, zoals Heinrich Suso zegt, in het uiterlijke het innerlijke te zien: "Voor hem die in het uiterlijke het innerlijke kan zien, reikt het innerlijke dieper dan voor hem die het innerlijke slechts ziet in het innerlijke."

Deze twee aspecten van de contemplatie van de natuur worden treffend weergegeven in het gedicht *The Elixir* van George Herbert:

Leer mij, mijn God en Koning,
in alles U te zien;
leer mij alles wat ik doe te doen als was 't voor U.
Bij 't kijken naar een ruit dan zie ik enkel glas
maar wil ik verder schouwen,
'k zie hemel, boom en gras.

Naar het glas kijken is deze zijde van het "bestaan", de intense realiteit van elk ding ontdekken: *door* het glas kijken is de hemel zien, is Gods aanwezigheid ontwaren in en voorbij dat "ding-zijn" (Dinglichkeit). Deze twee manieren om de wereld te bekijken, bevestigen elkaar en vullen elkaar aan. De schepping leidt ons tot God en God zendt ons terug naar de schepping: Hij laat ons toe de natuur te bekijken met de ogen van Adam in het paradijs. Want als wij alles zien in God, dan krijgt het voor ons een ongekende levendigheid.

Wij mogen Gods aanwezigheid in de wereld niet beperken tot een aantal "vrome" voorwerpen en situaties, en al het andere als "wereldlijk" bestempelen. Wij moeten alles beschouwen als in wezen sacraal, als een gave van God en een middel om met Hem in verbinding te treden. Hieruit volgt echter niet dat we de gevallen wereld met zijn voorwaarden moeten aanvaarden. Dat is de jammerlijke vergissing van een groot deel van het "geseculariseerde Christendom" in het huidige Westen. In zijn diepste wezen is alles geheiligd maar onze relatie tot Gods schepping is verstoord door de zonde, de erfzonde en onze persoonlijke zonden; wij zullen dit intrinsieke geheiligd zijn dus niet kunnen ontdekken, tenzij ons hart gezuiverd is. Zonder zelfverloochening, zonder ascese kunnen wij niet getuigen van de ware schoonheid van de wereld. Daarom is er geen echte contemplatie mogelijk zonder berouw.

Contemplatie van de natuur betekent niet alleen God vinden in alle *dingen* maar ook in alle menselijke personen. Wanneer wij in de Kerk of thuis de heilige Iconen vereren, dan moeten wij bedenken dat elke man en elke vrouw een levende Icoon is van God. "Al wat gij gedaan hebt voor een dezer geringsten van mijn broeders, hebt gij voor Mij gedaan" (Mat. 25,40). Om God te vinden hoeven wij de wereld niet te verlaten of ons af te zonderen van onze medemensen en ons in een of andere mystieke leegte te storten. Integendeel, Christus kijkt ons aan door de ogen van al degenen die wij ontmoeten. Zodra wij zijn alomtegenwoordigheid erkennen, worden al onze daden van materiële dienstbaarheid aan de anderen, daden van gebed.

Meestal wordt contemplatie beschouwd als een zeldzame, verheven gave en in haar volheid is ze dat ook. Maar de kiemen van een contemplatieve houding zitten in elk van ons. Elk ogenblik kan ik besluiten de wereld te gaan zien als Gods wereld, waarin Hij mij nabij is in alles wat ik zie en aanraak, in ieder die ik ontmoet. Hoe sporadisch en onvolledig dit ook gebeurt, ik heb een stap gezet op het contemplatieve pad.

Veel mensen die vinden dat het gebed van de stilte hun krachten te boven gaat en voor wie de vertrouwde zinnen uit de Schrift of uit gebedenboeken saai en droog geworden zijn, kunnen hun innerlijk leven vernieuwen door de contemplatie van de natuur. Wanneer ik Gods Woord leer lezen in het Boek van de Schepping en zijn stempel gedrukt zie op alles wat bestaat, dan krijgen de overgekende woorden uit de Schrift en uit de gebedenboeken een nieuwe betekenis. De H. Ephraïm de Syriër schrijft:

Waarheen je je ogen ook richt, je ontdekt een symbool van God;
Wat je ook leert, je ziet zijn letters...
Kijk en zie hoe Natuur en Schrift met elkaar verbonden zijn..,
Lof zij de Heer van de Natuur,
Eer zij de Heer van de Schrift.

Van Woorden naar Stilte

Hoe meer iemand God aanschouwt in de natuur, hoe meer hij zich realiseert dat God ook boven en buiten de schepping staat. Wanneer hij in alles sporen van het goddelijke vindt, dan zegt hij: "dit zijt Gij ook; maar dit zijt Gij niet." De tweede etappe op de geestelijke Weg voert hem dus, met Gods hulp, naar de derde etappe waarin hij God ontmoet, niet alleen in wat Hij gemaakt heeft, maar in een directe vereniging zonder middelaar.

Deze overgang van het tweede naar het derde niveau wordt, zoals de spirituele meesters in de Orthodoxe Traditie ons leren, bewerkstelligd door op ons gebedsleven de ontkennende of *apophatische* benaderingswijze toe te passen (zie blz. 20). In de Schrift, in de Liturgische teksten en in de natuur vinden we ontelbare woorden, beelden en symbolen van God; en er wordt ons geleerd deze woorden, beelden en symbolen hun volle waarde te geven en erbij te blijven stilstaan in ons gebed. Maar aangezien deze dingen nooit de hele waarheid omtrent de levende God kunnen uitdrukken, worden we ook aangemoedigd dit bevestigend of cataphatisch gebed aan te vullen met het apophatisch gebed. Zoals Evagrius zegt: "Bidden is gedachten terzijde leggen". Dit is natuurlijk geen volledige definitie van het gebed maar het duidt wél aan door welk soort gebed iemand van de tweede naar de derde etappe op de Weg kan overgaan. Hunkerend naar de eeuwige Waarheid die alle menselijke woorden en gedachten te boven gaat, begint de zoeker in rust en stilte op God te wachten. Hij praat niet meer over of tot God, maar luistert alleen. "Laat af en besef dat ik God ben" (Ps. 46,11).

Deze rust of innerlijke stilte wordt in het Grieks *hesychia* genoemd en hij die het gebed van de stilte zoekt is een hesychast. *Hesychia* betekent concentratie die samengaat met innerlijke rust. We moeten deze niet alleen in negatieve zin verstaan als het ontbreken van woorden of uiterlijke activiteit, maar het duidt in positieve zin aan dat het menselijk hart openstaat voor Gods liefde. Onnodig te zeggen dat voor de meeste, zoniet voor alle mensen, *hesychia* geen bestendige toestand is. De hesychast gebruikt, naast het gebed van de stilte, ook andere vormen van gebed: hij neemt deel aan de Liturgische Eredienst, leest de Schrift en ontvangt de Sacramenten. Het apophatisch gebed gaat samen met het cataphatisch gebed en het ene versterkt het andere. De negatieve en de positieve benaderingswijze zijn geen alternatieven maar vullen elkaar aan.

Hoe kunnen wij nu ophouden te praten en beginnen te luisteren? Van alle lessen over het gebed is dit de moeilijkste. We zijn er weinig mee gebaat tot onszelf te zeggen: "denk niet", want ophouden met denken is niet iets dat we louter door de kracht van onze wil kunnen bereiken. Onze rusteloze geest heeft behoefte aan actie en wil altijd maar iets te doen hebben. Als onze geestelijke strategie louter negatief is - als we elk bewust denken trachten uit te schakelen zonder er iets voor in de plaats te stellen - dan komen we waarschijnlijk alleen tot vage dagdromerij. De geest wil iets hebben dat hem bezighoudt, maar dat toch de stilte niet in de weg staat. In de Orthodoxe, hesychastische traditie wordt die taak meestal toebedeeld aan een kort "schietgebed", bij voorkeur het Jezusgebed: *Heer, Jezus Christus, Zoon van God, ontferm U over mij, zondaar.*

Er wordt ons geleerd bij het opzeggen van het Jezusgebed bepaalde voorstellingen te vermijden. De H.

Gregorius van Nyssa schrijft: "De bruidegom is aanwezig, maar wij zien Hem niet." Het Jezusgebed is geen vorm van aanschouwelijke meditatie over diverse gebeurtenissen in het leven van Christus. Wij moeten trachten geen enkel beeld op te roepen, maar ons helemaal te concentreren *op*, of liever *in* de woorden. Het Jezusgebed is geen bezwerende toverformule, maar een betekenisvolle zin, een aanroeping gericht tot een andere Persoon. Het doel ervan is niet ontspanning, maar waakzaamheid, geen wakend sluimeren, maar een levend gebed. Daarom mogen we het Jezusgebed niet opdreunen maar het innerlijk doorvoelen; toch moeten de woorden zonder spanning, geweld of onnodige beklemtoning gezegd worden. Het touwtje rond ons geestelijk pakket mag niet loshangen, maar het mag ook niet zo vastgebonden zijn dat het in de randen snijdt.

Gewoonlijk onderscheidt men in het reciteren van het Jezusgebed drie niveaus of stadia. Het begint als een "gebed van de lippen", een mondeling gebed. Dan wordt het meer innerlijk, een "gebed van het verstand", een mentaal gebed. Tenslotte "daalt" het verstand neer in het hart en wordt het ermee verenigd: zo wordt het een "gebed van het hart" of liever "een gebed van het verstand in het hart". Op dat niveau wordt het een gebed van de hele persoon -niet meer iets dat we denken of zeggen, maar iets dat we zíjn: want het uiteindelijke doel van de geestelijke Weg is niet een persoon te zijn die af en toe gebeden zegt, maar een persoon die zonder ophouden gebed *is*. Dat wil zeggen: het Jezusgebed begint als een reeks specifieke gebedsdaden, maar het uiteindelijk doel is, de mens die bidt in een bestendige *staat* van gebed te brengen die nooit ophoudt en zelfs voortduurt tijdens andere activiteiten.

Zoals elk ander gebed begint het Jezusgebed dus als een

mondeling gebed. Maar het ritmisch herhalen van steeds hetzelfde zinnetje stelt de hesychast in staat, door de eenvoudige woorden die hij gebruikt, voorbij elke taal en elk beeld, door te dringen tot het mysterie van God. Op die manier wordt het Jezusgebed, met Gods hulp, wat Westerse schrijvers noemen, een "gebed van liefdevolle aandacht" of "een gebed van louter staren", waarin de ziel rust in God, los van een steeds wisselende stroom van beelden, ideeën en gevoelens. Dan is er nog een verder stadium waarin het gebed van de hesychast niet langer het resultaat is van zijn eigen inspanningen: af en toe wordt het, zoals Orthodoxe schrijvers zeggen, "zelfwerkend" en Westerse schrijvers noemen het "ingestort". Met andere woorden: het is niet meer "mijn" gebed maar het wordt, in mindere of meerdere mate, het gebed van Christus in *mij*.

Toch moeten we ons niet voorstellen dat deze overgang van mondeling gebed tot gebed van stilte, of van "actief" tot "zelfwerkzaam" gebed, vlug en gemakkelijk verloopt. De anonieme auteur van *Het Verhaal van een Russische Pelgrim* bereikte het stadium van een besten-dig zelfwerkzaam gebed al nadat hij pas een paar weken met de aanroeping van de Naam van Jezus begonnen was, maar dat is een zeer uitzonderlijk geval en moet geenszins als norm beschouwd worden. Meestal bereiken mensen die het Jezusgebed opzeggen af en toe, en geheel onverwacht, ogenblikken van "vervoering": door deze gave raken de woorden van het gebed op de achtergrond of verdwijnen ze helemaal en worden ze vervangen door een direct aanvoelen van Gods aanwezigheid en liefde. Maar voor de overgrote meerderheid komt deze ervaring slechts sporadisch voor en is het zeker geen bestendige toestand. Het zou in elk geval onverstandig zijn te trachten met kunstmatige middelen op te roepen wat slechts de vrucht kan zijn van een direct ingrijpen van God. Wanneer wij de Heilige Naam aanroepen, kunnen wij ons het beste met alle kracht concentreren op het uitspreken van de woorden; anders zou het kunnen gebeuren dat wij, in een voorbarige poging om het woordeloos gebed van het hart te bereiken, helemaal niet bidden, maar half zitten te slapen. Laten wij de raad van de H. Johannes Climacus volgen: "Vertrouw je geest toe aan de woorden van het gebed". God zal de rest wel doen, maar op zijn eigen manier en op zijn eigen tijd.

Vereniging met God

Zowel in theologische verhandelingen als in ons gebedsleven lijkt de apophatische methode eerder negatief, maar haar uiteindelijk doel is uiterst positief. Gedachten en beelden terzijde leggen leidt niet tot leegte, maar tot een volheid die alles overtreft wat de menselijke geest zich kan voorstellen of kan uitdrukken. De ontkennende manier lijkt niet zozeer op het pellen van een ui als wel op het kappen van een beeldhouwwerk. Wanneer we een ui pellen, verwijderen we het ene velletje na het andere tot we tenslotte niets meer over houden. Maar een beeldhouwer die in een stuk marmer hakt, haalt stukken weg om iets positiefs over te houden. Hij reduceert het blok niet tot een hoop willekeurige stukken, maar uit het schijnbaar vernietigende kappen komt er tenslotte een zinvolle vorm te voorschijn.

Op een hoger niveau is het ook zo met het apophatisme. Wij ontkennen om te bevestigen. We zeggen dat iets *niet* bestaat om te kunnen zeggen wat *wel* bestaat. Ontkennen wordt dan dubbel bevestigen. Woorden en opvattingen terzijde leggen is voor ons een springplank naar het goddelijke mysterie. In zijn echte en volle betekenis leidt apophatische theologie niet tot afwezigheid maar tot aanwezigheid, niet tot agnosticisme maar tot een vereniging in liefde. Dan wordt apophatische theologie veel meer dan een louter woordenspel waarin we positieve en negatieve stellingen tegen elkaar afwegen. Het doel is een directe ontmoeting tot stand te brengen met een persoonlijke God, die alles wat we over Hem kunnen zeggen, in negatieve of positieve zin, oneindig ver overtreft.

Deze vereniging in liefde, die het ware doel is van de apophatische benadering, is een vereniging met God in Zijn energieën, niet in Zijn essentie (zie blz. 29). Voor ogen houdend wat we tevoren gezegd hebben over de Drie-eenheid en de Incarnatie, kunnen we drie soorten van "een(-)heid" onderscheiden: Ten eerste: tussen de drie personen van de Drie-eenheid is er een éénheid *naar de essentie:* Vader, Zoon en Heilige Geest zijn "Eén in wezen". Maar tussen God en de Heiligen bestaat dergelijke eenheid niet. Hoewel de Heiligen "vergoddelijkt" zijn, maken ze geen deel uit van de Drie-eenheid. God blijft God en de mens blijft mens. De mens wordt god door genade, maar niet God in essentie. Het onderscheid tussen Schepper en schepsel blijft bestaan; het wordt overbrugd door wederzijdse liefde maar niet tenietgedaan. Hoezeer God de mens ook nabij komt, Hij blijft de "Totaal Andere".

Ten tweede: tussen de goddelijke en de menselijke natuur van de mensgeworden Christus bestaat er een Eénheid *naar de hypostase,* een "hypostatische" of persoonlijke Eenheid. Godheid en menselijkheid zijn in Christus zo nauw met elkaar verweven dat ze één enkele Persoon vormen, tot één Persoon behoren. Ook dit soort eenheid bestaat niet tussen God en de Heiligen. In de mystieke vereniging tussen God en de ziel zijn er twee personen en niet één (of liever: vier personen: een menselijke en de drie goddelijke Personen van de ongedeelde Drie-eenheid). In deze "Ik-Gij" relatie, blijft "Gij-Gij" hoe dicht "ik" Hem ook benader. De Heiligen worden ondergedompeld in de peilloze diepte van de goddelijke liefde, maar zij worden er niet door verzwolgen. "Verchristelijking" betekent niet vernietiging. In de Komende Tijd is God "alles in alles" (1 Kor. 15,28) maar "Peter is Peter, Paul is Paul, Filip is Filip". Ieder behoudt zijn eigen aard en persoonlijke identiteit, maar zij worden allen vervuld van de geest"(*De Homilieën van de H. Macarius*).

Aangezien er dus noch naar de essentie, noch naar de hypostase een eenheid bestaat tussen God en de mensen, moet er een eenheid zijn *naar* de *energie*. De Heiligen worden niet God in Wezen en zij worden ook niet één met God, maar zij delen in Zijn energieën d.w.z. in Zijn leven, Zijn kracht, Zijn genade en Zijn glorie. We mogen die energieën, zoals gezegd, niet "belichamen" of beschouwen als iets dat bemiddelt tussen God en de mens; zij zijn geen "ding" of een gave die God aan zijn schepping schenkt. De energieën zijn werkelijk God *Zelf* - maar niet God zoals Hij in Wezen is, in Zijn innerlijk leven, maar God zoals Hij Zichzelf meedeelt in toegewijde liefde. Wie deelt in Gods energieën, ontmoet God dus van gelaat tot gelaat in een directe, persoonlijke liefdesband, in zoverre een schepsel daartoe in staat is. Zeggen dat de mens deel heeft aan de energieën maar niet aan het Wezen van God wil zeggen dat er tussen God en de mens een vereniging totstandkomt maar geen versmelting. Het betekent dat wij, in de meest letterlijke en nadrukkelijke zin, over God zeggen: "Zijn leven is het mijne" terwijl wij tevens toch elk pantheïsme verwerpen. Wij beklemtonen zijn nabijheid, maar tegelijk ook zijn anders-zijn.

Duisternis en Licht

Om te verwijzen naar die "eenheid door de energie" die ver buiten het menselijk bevattingsvermogen ligt, hebben de Heiligen noodgedwongen de taal van paradoxen en symbolen gebruikt. Want de menselijke taal kan slechts beschrijven - en dan nog onvolledig - wat zich in tijd en ruimte bevindt. Naar het oneindige en het eeuwige kan zij slechts verwijzen.

De twee voornaamste "tekens" of symbolen die door de Vaders worden gebruikt, zijn die van duisternis en licht. Waarmee wij natuurlijk niet willen zeggen dat God op Zichzelf duisternis of licht is: we spreken in parabels of analogieën. Naargelang van hun voorkeur voor het ene of het andere "teken" kunnen we de mystieke auteurs karakteriseren als schrijvers van de "nacht" of van de "zon". De H. Clemens van Alexan(-)drië (die steunde op de joodse auteur Philo), de H. Gregorius van Nyssa en de H. Dionysius de Areopagiet geven de voorkeur aan het "teken" van de duisternis; Origenes, de H. Gregorius de Theoloog, Evagrius, De *Homilieën van de H. Macarius*, de H. Symeon de Nieuwe Theoloog en de H. Gregorius Palamas gebruiken meestal het "teken" van het licht.

Het beeld van de "duisternis" dat op God toegepast wordt, vindt zijn voornaamste oorsprong in de bijbelse beschrijving van Mozes op de berg Sinaï, die "de donkere wolk" binnentrad waarin God zich bevond (Ex. 20,21; verg. blz. 20). Het is veelbetekenend dat er in deze passage niet gezegd wordt dat God duisternis *is* maar dat Hij Zich *bevindt* in de duisternis; de duisternis wijst niet op het feit dat God afwezig of onwerkelijk is, maar op het feit dat onze menselijke geest niet in staat is Gods innerlijke natuur te begrijpen. De duisternis is in ons, niet in Hem.

De oorsprong van het beeld van het "licht" vinden we in de uitspraak van de H. Johannes: "God is licht: er is in Hem geen spoor van duisternis" (1 Joh. 1,5). Bovenal wordt God als licht geopenbaard bij de Transfiguratie van Christus op de berg Tabor: "Zijn gelaat begon te stralen als de zon en zijn kleed werd glanzend als het licht" (Mat. 17,2). Dit goddelijk licht dat aanschouwd werd door de drie Leerlingen op de berg - en ook door vele Heiligen in het gebed - is niets anders dan de ongeschapen energieën van God. Dit wil zeggen dat het licht van de Tabor geen stoffelijk, geschapen licht is en ook geen puur metaforisch "licht van de geest". Maar hoewel onstoffelijk, is het toch een objectief bestaande realiteit. Omdat de ongeschapen energieën goddelijk zijn, gaan ze ons menselijk beschrijvingsvermogen te boven; wanneer wij die energieën dus "licht" noemen, dan gebruiken wij noodgedwongen de taal van "tekens" en symbolen. Wat niet wil zeggen dat de energieën zelf louter symbolisch zijn; zij bestaan echt maar kunnen niet in woorden gevat worden; wanneer wij ze "licht" noemen, dan gebruiken wij het minst misleidende beeld maar dit mag niet letterlijk worden opgevat.

Hoewel het goddelijk licht niet stoffelijk is, kan een mens het toch zien met zijn fysieke ogen, op voorwaarde althans dat zijn zintuigen geheel veranderd zijn door de goddelijke genade. Zijn ogen aanschouwen het licht niet dankzij hun natuurlijk waarnemingsvermogen maar door de kracht van de Heilige Geest die in hem werkt.

"Het lichaam wordt samen met de ziel vergoddelijkt"

(H. Maximus de Belijder). Hij die het goddelijk licht aanschouwt, wordt er helemaal van doordrongen zodat zijn lichaam straalt van de glorie die hij aanschouwt. Hij wordt zelf licht. Vladimir Lossky gebruikte niet louter beeldspraak toen hij schreef: "Het vuur van de genade dat door de Heilige Geest in de harten van de Christenen ontstoken wordt, doet ze stralen als kaarsen voor de Zoon van God." Ook *De Homilieën van de H. Macarius* bevestigen over deze transfiguratie van het menselijk lichaam:

> *Zoals het lichaam van de Heer verheerlijkt werd toen Hij de berg opging en getransfigureerd werd in de glorie van God en in het oneindig licht, zo worden ook de lichamen van de Heiligen verheerlijkt en zij schitteren als de bliksem ... "Ik heb hun de heerlijkheid gegeven, die Gij Mij geschonken hebt" (Joh. 17,22): zoals vele lampen ontstoken worden door één vlam, zo moeten ook de lichamen van de Heiligen, die ledematen zijn van Christus, noodzakelijkerwijze zijn wat Christus is en niets anders... Onze menselijke natuur wordt veranderd in de kracht van God en wordt ontstoken in vuur en licht.*

In de levens van de Heiligen, zowel Westerse als Oosterse, zijn er talrijke voorbeelden van zulke lichamelijke verheerlijking. Toen Mozes terugkwam uit de duisternis van de Sinaï, glansde zijn gelaat met zoveel luister dat niemand ernaar kon kijken en dat hij er een doek over moest leggen wanneer hij met anderen sprak (Ex. 34,29-35). In de *Vaderspreuken* wordt verteld dat een broeder door de vensteropening keek van abt Arsenius' kluis en de grijsaard zag "geheel als van vuur". Over abt Pambo wordt gezegd: "God verheerlijkte hem zozeer, dat niemand hem in het gelaat kon zien wegens de heerlijkheid die er over zijn gelaat lag uitgespreid".

Veertienhonderd jaar later gebruikt Nikolaj Motovilov deze woorden om een gesprek met zijn *starets*, de H. Serafim van Sarov te beschrijven: "Stel je voor dat je spreekt met een man wiens gezicht zich in het midden van de verblindende stralen van de middagzon bevindt."

Sommige schrijvers combineren de beelden van licht en duisternis. Henry Vaughan spreekt over een "verblindende duisternis" in God, terwijl de H. Dionysius het heeft over "de schittering van de goddelijke duisternis" (blz. 31). Elders zegt de H. Dionysius: "De goddelijke duisternis is het ontoegankelijk licht waarin God zich bevindt." Deze termen spreken elkaar niet tegen want voor God is "duisternis gelijk licht" (Ps. 139,12). Jacob Boehme zegt: "De duisternis is niet de afwezigheid van licht maar de angst veroorzaakt door het verblindende licht." Wanneer men zegt dat God Zich in de duisternis bevindt, dan betekent dit niet dat er in God iets tekort is of ontbreekt, maar dat wij de volheid van Zijn verheerlijking en liefde niet kunnen begrijpen.

Het gebed is de proef van alles. Als het gebed in orde is, is alles in orde.

Bisschop Feofan de Kluizenaar

"Nadert tot God en Hij zal tot u naderen" (Jac. 4,8). Wij moeten beginnen. Wanneer wij één stap naar de Heer toe zetten, dan zet Hij er tien in onze richting — hij die in de verte de verloren zoon zag aankomen, werd door medelijden overmand, liep naar hem toe en omhelsde hem.

Tito Colliander

Hoe verder een ziel vordert, hoe sterker de tegenstrevers zijn tegen wie zij het moet opnemen.

Gezegend ben je, wanneer je bij het bidden een hevige strijd moet voeren.

Denk niet dat je een deugd kunt verwerven, zonder er je bloed voor te vergieten. Tot aan je dood moet je strijden tegen de zonde en je er met al je kracht tegen verzetten.

Laat niet toe dat je ogen slapen of je oogleden dichtvallen tot aan het uur van je dood, maar span je zonder ophouden in opdat je het eeuwige leven zou mogen genieten.

Evagrius van Pontus

Men vroeg eens aan een monnik:"Wat doe je daar in het klooster?" Hij antwoordde: " Vallen en opstaan, vallen en opstaan, vallen en weer opstaan..."

Tito Colliander

Niemand kan een ware Christen worden als hij zich niet, in ootmoed en zelfvernedering, totaal overgeeft aan het Kruis; als hij zich niet op de grond werpt om door iedereen vertrapt en misprezen te worden; als hij geen onrecht, verachting en bespotting ondergaat; hij moet dit alles met vreugde verdragen omwille van de Heer en geen enkele menselijke beloning opeisen: geen eer of glorie of de genoegens van eten, drinken en kleding.

H. Marcus de Monnik

Als je wil overwinnen, ervaar dan in je eigen persoon het lijden van Christus, opdat je zou worden uitgekozen om Zijn heerlijkheid te smaken. Want als wij met Hem lijden, zullen wij ook met Hem verheerlijkt worden. De geest kan niet verheerlijkt worden met Jezus wanneer het lichaam niet met Hem lijdt.

Gezegend ben je wanneer je lijdt omwille van de gerechtigheid.

Kijk, jaren en generaties lang hebben het kruis en de dood de weg van God geëffend. De weg naar God is een dagelijks kruis.
Het Kruis is de poort van de mysteries.
H. Isaac de Syriër

"Passieloos" d.i. zonder hartstochten zijn - in de Patristische en niet in de Stoïcijnse zin van het woord - vraagt tijd en inspanning, sober leven, vasten en waken, gebed, zweet en bloed, vernedering, de verachting van de wereld, kruisiging, de nagels, de lans in de zijde, azijn en gal, door iedereen verlaten worden, beledigingen door dwaze broeders die samen met ons gekruisigd worden, godslasteringen door de voorbijgangers: en dan de verrijzenis in de Heer, de onsterfelijke heiligheid van Pasen.
V. Theoklitos van Dionysiou

Bid in eenvoud: verwacht niet dat er in je hart een of andere speciale gave van gebed zou zijn. Beschouw jezelf als onwaardig daarvoor. Dan zul je vrede vinden. Gebruik de lege, koude dorheid van je gebed als voedsel voor je nederigheid. Herhaal voortdurend: "Ik ben niet waardig, Heer. Ik ben niet waardig!" Maar zeg dat rustig, zonder opwinding. Dit nederig gebed zal aanvaardbaar zijn voor God.

Wanneer je het Jezusgebed beoefent, denk er aan dat nederigheid het belangrijkste is; en dan de bekwaamheid, niet enkel de beslissing, altijd een scherpe zin voor verantwoordelijkheid te bewaren tegenover God, tegenover de geestelijke vader, tegenover mensen en zelfs dingen. Denk ook aan de waarschuwing van Isaac de Syriër, waar hij zegt dat Gods wraak degenen treft die het bittere kruis van de doodstrijd weigeren te dragen, het kruis van actief lijden, en die, in hun streven naar visioenen en speciale gebedsgenade, zich op eigenzinnige manier de verheerlijkingen van het Kruis trachten toe te eigenen. Hij zegt ook: "Gods genade komt vanzelf, onverwacht, zonder dat wij erop bedacht zijn. Zij komt wanneer het huis rein is." Maak daarom zorgvuldig, ijverig, zonder ophouden het huis schoon; veeg het uit met de borstel van de nederigheid.

Starets Makari van Optino

Wanneer de gedachte aan God alle uitwegen van onze geest heeft afgesloten, dan moeten we hem noodgedwongen iets te doen geven om te voldoen aan zijn drang naar activiteit. Om daaraan volledig tegemoet te komen, is er niets beters dan het gebed "Heer Jezus". Indien de geest zich in zijn innerlijk schrijn zeer intens, totaal en bestendig op deze woorden concentreert, dan zal hij niet afgeleid worden door welke voorstellingen van de geest ook.

Zoals een moeder haar baby het woord "vader" leert zeggen en het kind steeds opnieuw dat woord doet herhalen totdat het deze naam eerder gebruikt dan enige andere kinderlijke klank, zodat het zelfs in zijn slaap om zijn vader roept, zo moet de ziel leren steeds weer te herhalen "Heer Jezus".

H. Diadochus van Photieea

Het Jezusgebed helpt het hele leven, lichaam en ziel te verheffen naar een niveau waarop de zintuigen en de verbeelding niet langer uiterlijke verandering of prikkels zoeken, maar waarop alles ondergeschikt is aan het ene doel: de volle aandacht van lichaam en ziel op God te concentreren in het besef dat de hele wereld te vinden is in de schoonheid van God en niet God in de schoonheid van de wereld.

Moeder Maria van Normanby

Wat bedoelt men als men zegt dat Mozes de duisternis binnentrad en daarin God zag?

De tekst van de Schrift leert ons hier dat het verstand, naarmate het evolueert, meer aandacht schenkt aan, en beter begint te begrijpen wat de werkelijkheid is, dichter bij de contemplatie komt en beter inziet dat het de goddelijke natuur niet kan aanschouwen. Want wanneer het alle uiterlijke verschijningsvormen achterwege laat, niet alleen degene die het met zijn zintuigen kan waarnemen maar ook degene die door zijn verstand worden opgeroepen, dan gaat het steeds dieper graven totdat het, door de werking van de Geest, doordringt tot datgene wat niet kan worden aanschouwd of begrepen; en het is daar dat het God ziet. De ware kennis en het ware beeld van wat wij zoeken gaat alle begrip te boven en de duisternis van de onbegrijpelijkheid verspert ons elke toegang.

H. Gregorius van Nyssa

Bij de mystieke beschouwing ziet de mens noch met het verstand, noch met het lichaam, maar door de Geest; hij weet met grote zekerheid dat hij op bovennatuurlijke wijze een licht ziet dat sterker is dan alle andere licht. Maar hij weet niet met welk zintuig hij dit licht aanschouwt en hij kan de aard van dit zintuig niet ontleden; want de wegen van de Geest, waardoor hij ziet, zijn onnaspeurlijk. Dit is wat de H. Paulus bevestigde toen hij dingen hoorde die een mens niet mag uitspreken en dingen zag die niemand kan waarnemen: "...met het lichaam of zonder het lichaam, ik weet het niet" (2 Kor. 12,3). Dat wil zeggen: hij wist niet of hij die dingen zag met zijn geest of met zijn lichaam. Want hij zag die dingen niet met zijn zintuigen en toch zag hij even helder - nog helderder - dan bij zintuigelijke waarneming. Hij zag hoe hij door de geheimzinnige zachtheid van zijn visioen buiten zichzelf werd gebracht; hij kwam niet alleeen los van elk voorwerp en elke gedachte, maar trad buiten zichzelf.

Deze blijde, verheugende gebeurtenis die de H. Paulus overkwam en zijn geest boven alles in vervoering bracht, en waardoor hij zich volledig in zichzelf keerde, deze gebeurtenis nam de vorm aan van een licht: een licht van openbaring maar van een soort dat hij met zijn zintuigen niet kon waarnemen. Het

was een licht dat aan alle kanten onbeperkt en eindeloos was; hij zag nergens een grens aan het licht dat aan hem verscheen en hem omhulde; het was als een zon die oneindig veel groter en helderder was dan het heelal; en midden in dit licht stond hij zelf, een en al oog. Zo zag zijn visioen er ongeveer uit.
H. Gregorius Palamas

Wanneer de ziel waardig bevonden wordt de vreugde te kennen van de vereniging met de Geest van het goddelijk Licht, wanneer God haar omstraalt met de schoonheid van Zijn onuitsprekelijke heerlijkheid en haar tot een troon en woonplaats voor Hemzelf maakt, dan wordt ze helemaal licht, helemaal gelaat, helemaal oog; tot in het verste hoekje wordt ze vervuld van de geestelijke ogen van licht. Niets van haar is nog in duisternis gehuld, ze wordt een en al licht en geest.
De Homilieën van de H. Macarius

EPILOOG

GOD ALS EEUWIGHEID

Heer, denk aan mij wanneer Gij in uw Koninkrijk gekomen zijt.
Lucas 23,42

Voor alle zielen die God beminnen, voor alle ware Christenen zal er een eerste maand van het jaar komen, zoals de maand april, een verrijzenis-dag.
De Homilieën van de H. Macarius ,

Toen abt Zacharias op sterven lag vroeg abt Mozes hem: "Wat ziet u?" En hij antwoordde hem: "Zou het niet beter zijn te zwijgen vader?" En hij zei; "Zeker kind, zwijg maar".
Vaderspreuken

De spraak is het orgaan van deze wereld. De stilte is het mysterie van de komende wereld.
H. Isaac de Syriër

Het Einde komt nabij

"Ik verwacht de opstanding van de doden en het leven van het Komend Rijk." Met een blik op de toekomst eindigt de Geloofsbelijdenis met een zin vol verwachting. Maar alhoewel wij gedurende dit aardse leven voortdurend zouden moeten denken aan de Laatste Dingen, kennen wij geen bijzonderheden over wat in de Komende Tijd zal gebeuren. De H. Johannes schrijft: "Vrienden, nu reeds zijn wij kinderen van God, maar wat wij zullen zijn is nog niet geopenbaard" (Joh. 3,2). Door ons geloof in Christus hebben wij hier en nu deel aan een levende, persoonlijke relatie met God; en wij weten, niet als een hypothese maar als iets dat wij ervaren, dat deze relatie in zich reeds het zaad van de eeuwigheid draagt. Maar wat het betekent, niet binnen het tijdsbestel te leven maar in het eeuwige *Nu,* niet onderworpen te zijn aan de val maar in een universum te leven waar God "alles in alles" is - daarvan hebben we slechts een vaag idee, geen helder beeld; en daarom moeten we altijd voorzichtig zijn met onze uitspraken en er soms het zwijgen toe doen.

Toch zijn er ten minste drie dingen die we met grote stelligheid mogen beweren: dat Christus zal terugkomen in heerlijkheid; dat wij bij deze komst zullen opstaan uit de doden en geoordeeld worden en dat er "aan Zijn Koningschap nooit een einde zal komen" (Luc. 1,33).

Wat het eerste betreft: de Schrift en de Heilige Traditie spreken vaak over de Wederkomst. Zij geven ons geen reden om te veronderstellen dat de wereld, door een steeds voortschrijdende "beschaving" altijd maar beter zal worden totdat het mensdom in staat zou zijn Gods rijk op aarde te vestigen. De Christelijke opvatting over de wereldgeschiedenis is volledig tegengesteld aan dit soort evolutie-optimisme. Wat wij te verwachten hebben zijn natuurrampen, steeds meer verwoestende oorlogen tussen de mensen, verwarring en afvalligheid bij hen die zich Christenen noemen (zie vooral Mat, 24,3-27). Deze tijd van beproeving zal zijn hoogtepunt bereiken met de komst van de "zoon des verderfs" (2 Tess. 2,3-4) of de Antichrist die, volgens de gangbare opvatting in de Orthodoxe Kerk, niet Satan zelf zal zijn maar een menselijk wezen, een echte mens in wie alle krachten van het kwaad verenigd zullen zijn en die een tijdlang de hele wereld in zijn macht zal houden. Het korte rijk van de Antichrist zal bruusk beëindigd worden door de Wederkomst van de Heer, ditmaal niet op verborgen wijze zoals bij Zijn Geboorte te Bethlehem, maar "zittend aan de rechterhand van de macht en komend op de wolken des hemels" (Mt. 26,64). Zo zal de loop van de geschiedenis een plotseling en dramatisch einde krijgen door een directe tussenkomst van het Goddelijk Rijk.

Het juiste tijdstip van de Wederkomst blijft nog voor ons verborgen: "Het komt u niet toe dag en uur te kennen, die de Vader in zijn macht heeft vastgesteld" (Hand. 1,7). De Heer zal komen "als een dief in de nacht" (1 Tess. 5,2). Dit betekent dat we altijd voorbereid en waakzaam moeten zijn, zonder ons af te vragen wanneer het precies zal gebeuren.. "Wat Ik tot u zeg, zeg Ik tot allen: weest waakzaam!" (Marc. 13,37). Want of het einde vroeg of laat komt in ons menselijk tijdsbestel, het is altijd nakend, altijd geestelijk dichtbij. Wij moeten in ons hart het gevoel hebben dat het dringend is. In de Grote Canon van de H. Andreas van Creta lezen we elke Vasten:

Mijn ziel, mijn ziel, sta op; wat slaapt gij!
Het einde nadert, gij wordt bedroefd,
Wees waakzaam en waak, opdat Christus u spare, de
allesvervullende God.

De Toekomende Lente

Ten tweede: als Christenen geloven wij niet alleen in de onsterfelijkheid van de ziel maar ook in de verrijzenis van het lichaam. Volgens Gods besluit bij onze schepping, zijn de menselijke ziel en het menselijk lichaam onderling van elkaar afhankelijk en kan geen van beide behoorlijk bestaan zonder de andere. Ten gevolge van de val worden die twee gescheiden bij de lichamelijke dood, maar deze scheiding is niet definitief en eeuwigdurend. Bij de Wederkomst van Christus zullen wij met lichaam en ziel uit de doden verrijzen; en met een herenigd lichaam en ziel zullen wij voor de Heer verschijnen voor het Laatste Oordeel.

Dit oordeel heeft, zoals in het Evangelie volgens de H. Johannes beklemtoond wordt, gedurende heel ons aardse bestaan plaats. Telkens wanneer wij bewust of onbewust het goede kiezen, treden wij reeds bij voorbaat het eeuwig leven binnen; telkens wanneer wij het kwade kiezen, krijgen wij een voorsmaak van de hel. Wij kunnen het Laatste Oordeel het best zien als het *ogenblik van de Waarheid* waarop alles aan het licht gebracht wordt, waarop de gevolgen van al onze vrij gekozen daden ons ten volle geopenbaard worden, waarop wij met absolute duidelijkheid zien wie wij zijn en welke de diepe betekenis en het doel van ons leven waren. En na deze uiteindelijke opheldering zullen wij met een herenigde ziel en lichaam binnentreden in de hemel of de hel, in het eeuwige leven of de eeuwige dood. Christus is de Rechter, maar vanuit een ander standpunt gezien, zijn wij het zelf die recht spreken over onszelf. Een mens komt niet in de hel omdat God hem daar opgesloten heeft, maar omdat hij dat zelf gekozen heeft. De verdoemden in de hel hebben zichzelf veroordeeld, zichzelf gevangen gezet; er wordt terecht gezegd dat de deuren van de hel *van binnenuit* gesloten zijn.

Hoe kan een God van liefde aanvaarden dat zelfs maar één van de schepselen die Hij gemaakt heeft voor eeuwig in de hel zou blijven? Dat is een mysterie dat wij met ons huidig begrip nooit zullen kunnen doorgronden. Het beste wat we kunnen doen is twee waarheden die aan elkaar tegengesteld maar niet tegenstrijdig zijn, tegenover elkaar afwegen. Ten eerste: God heeft de mens een vrije wil gegeven en dus is de mens voor eeuwig in staat God te verwerpen. Ten tweede: liefde betekent medelijden, medeleven; als er dus bepaalde mensen voor eeuwig in de hel blijven, dan is God daar in zekere zin ook. Het staat in de Psalmen geschreven: "Als ik naar de hel ga, dan zijt Gij er ook" (139,8); en de H. Isaac de Syriër zegt: "Het is verkeerd je voor te stellen dat de zondaars in de hel afgesneden zijn van Gods liefde." De goddelijke liefde is overal en zij verwerpt niemand. Maar wij, van onze kant, zijn vrij de goddelijke liefde te verwerpen; toch kunnen wij dit niet doen zonder onszelf schade te berokkenen en hoe definitiever onze verwerping is, hoe bitterder ons lijden.

"Bij de verrijzenis", zeggen *De Homilieën van de H. Macarius,* "zullen alle ledematen van het lichaam verrijzen, geen haar zal verloren gaan" (verg. Luc. 21,18). Terzelfdertijd, zo wordt er gezegd, zal het verrezen lichaam een "geestelijk lichaam" zijn (zie 1 Kor. 15,35-46). Dit wil niet zeggen dat onze lichamen bij de verrijzenis op een of andere manier zullen ontstoffelijkt worden, maar we moeten beseffen dat de stof zoals wij die in deze gevallen wereld kennen, met al haar traagheid en ondoorzichtigheid, iets heel anders is dan de stof zoals God die bedoeld had. Bevrijd van de grofheid van het gevallen vlees, zal het verrezen lichaam delen in de eigenschappen van het menselijk lichaam van Christus bij de Transfiguratie en na de Verrijzenis. Maar hoewel van gedaante veranderd, zal ons lichaam toch de kenmerken van ons huidig lichaam vertonen: er zal een continuïteit zijn tussen de twee. De H. Cyrillus van Jeruzalem schrijft:

Het is precies ditzelfde lichaam dat zal verrijzen, maar niet in zijn huidige staat van zwakheid; want het zal "met onvergankelijkheid worden bekleed" (1 Kor. 15,53) en daardoor van gedaante veranderen ... Het zal niet langer voedsel nodig hebben om in leven te kunnen blijven of trappen om naar boven te gaan; want het zal vergeestelijkt worden; het zal iets wonderbaars zijn waar we nu nog geen beschrijving van kunnen geven.

En de H. Ireneus getuigt:

Noch de structuur noch het wezen van de schepping wordt vernietigd. Het is slechts de uiterlijke vorm van deze wereld (Kor. 7,31) die voorbij gaat, dat wil zeggen: de omstandigheden die het gevolg zijn van de val. En wanneer deze "uiterlijke vorm" verdwenen is, dan zal de mens herboren worden en hij zal bloeien in de oorspronkelijke toestand van leven dat geen verderf meer kent, zodat hij niet meer oud kan worden. Er zal een "nieuwe hemel en een nieuwe aarde" zijn (Apok. 21,1) en in deze nieuwe hemel en deze nieuwe aarde zal de mens vertoeven, eeuwig nieuw en zich voor eeuwig onderhoudend met God.

"Een nieuwe hemel en een nieuwe aarde": de mens wordt niet bevrijd *van* maar *in* zijn lichaam; niet *van* maar *samen met* de stoffelijke wereld. Omdat de mens microkosmos en middelaar is van de schepping, brengt zijn eigen redding ook de verzoening en de transfiguratie mee van de hele levende en levenloze schepping rondom hem - haar bevrijding uit de "slavernij van de vergankelijkheid" en haar opgenomen worden in de "glorierijke vrijheid van de kinderen Gods" (Rom. 8,21). In de "nieuwe aarde" van de Tijd die komt is er zeker niet alleen voor de mens maar ook voor de dieren een plaats: in en door de mens zullen ook zij delen in de onsterfelijkheid; en dat geldt ook voor de rotsen, de bossen en de planten, het vuur en het water.

Een Reis naar de Oneindigheid

Dit rijk van de verrijzenis, waarin wij door Gods erbarmen met onze herenigde ziel en lichaam zullen verblijven, is in de derde plaats een rijk waaraan "geen einde" zal komen. Haar eeuwigheid en oneindigheid vallen buiten het voorstellingsvermogen van onze gevallen toestand, maar van twee zaken mogen we toch zeker zijn. Ten eerste: volmaaktheid is niet uniform maar verscheiden. Ten tweede: volmaaktheid is niet statisch maar dynamisch.

Ten eerste: eeuwigheid houdt een onuitputtelijke verscheidenheid in. Als wij reeds in dit leven ervaren dat heiligheid niet eentonig maar steeds verschillend is, hoe onvergelijkelijk veel meer zal dit gelden in het toekomende leven? God belooft ons: "Wie overwint... hem zal Ik een wit steentje geven en daarop gegrift een nieuwe naam, die niemand kent dan hij die hem ontvangt" (Apok. 2,17). Zelfs in de Komende Tijd zal de innerlijke betekenis van mijn unieke persoonlijkheid voor eeuwig een geheim blijven tussen God en mij. In Gods rijk is ieder één met al de anderen, maar toch blijft ieder zichzelf en draagt hij dezelfde kenmerken als tijdens zijn leven, maar dan geheeld, vernieuwd en verheerlijkt. De H. Hêsaias van Skêtis zegt:

In zijn erbarming geeft de heer Jezus elk van ons loon naar werken - aan de groten volgens hun grootheid en aan de kleinen volgens hun kleinheid; want hij zei: "In het huis van mijn Vader is ruimte voor velen" (Joh. 14,2). Hoewel er slechts één rijk is, vindt ieder in dit rijk zijn eigen specifieke plaats en zijn eigen specifieke opdracht.

Ten tweede: eeuwigheid wil zeggen: nooit eindigende vooruitgang, steeds voortschrijdende progressie. Zoals J.R.R. Tolkien zei: "Wegen gaan steeds maar door." Dit geldt ook voor de geestelijke Weg, niet alleen in dit leven maar ook in de Komende Tijd. Wij gaan steeds verder en steeds voorwaarts, niet achteruit. De Komende Tijd is niet louter een terugkeer naar het begin, een herstel van de oorspronkelijke staat van volmaaktheid in het paradijs, maar het is een nieuw begin. Er zal een *nieuwe* hemel en een *nieuwe* aarde zijn, groter dan de vorige.

"Hier beneden" zegt Newman, "betekent leven: veranderen, en volmaakt zijn wil zeggen dat men vaak veranderd is." Maar is dat alleen hier beneden het geval? De H. Gregorius van Nyssa geloofde dat er zelfs in de hemelse volmaaktheid een groei zit. Met een mooie paradox zegt hij dat de essentie van de volmaaktheid er juist in bestaat nooit volmaakt te zijn, maar altijd te streven naar een nog hogere volmaaktheid die verder ligt. Omdat God oneindig is, is ook dit "voorwaarts streven" of *epektasis*, zoals de Griekse Vaders het noemden, onbeperkt. De ziel bezit God en toch zoekt ze Hem verder; haar vreugde is volkomen en toch wordt ze altijd maar intenser. God komt ons steeds meer nabij en toch blijft Hij de

Andere; wij aanschouwen Hem van gelaat tot gelaat en toch dringen wij steeds dieper door in het goddelijke mysterie. Hoewel wij niet langer vreemdelingen zijn, blijven wij toch pelgrims. Wij gaan "tot steeds heerlijker gelijkenis met Hem" (2 Kor. 3,18) en dan tot nog grotere heerlijkheid. Nooit in alle eeuwigheid zullen wij een punt bereiken waarop alles wat gedaan moet worden voltooid is of waarop wij alles ontdekt hebben wat er te ontdekken valt. "Niet alleen nu maar ook in de Komende Tijd", zegt de H. Ireneus, "zal God de mens nog altijd iets meer te leren hebben en zal de mens nog altijd iets meer te leren hebben van God."

AUTEURS EN BRONNEN

(I) ORTHODOX

Voor wat de Kerkvaders betreft, kan in het algemeen verwezen worden naar de volgende werken: (1) de reeks *Sources Chrétiennes*, Ed. du Cerf, Paris; (2) Hans Von Campenhausen: *Les Pères Grecs en Les Pères Latins*, vertaling uit het Duits, Ed. de l'Orante, Paris 1967, Livre de Vie no 95 en no 96; (3) A. Hamman: *Guide pratique des Pères de l'Eglise*, DDB, (Paris, 1967); (4) Collection *"Les Pères dans la foi"*, DDB, Paris, vanaf 1978; (5) *Petite Philocalie de la prière du coeur*, (Paris, 1953); (6) *Kerkvaders, Monastieke Cahiers en andere uitgaven* door de Zrs. Benedictinessen, Abdij Bethlehem, 2820 Bonheiden (België).

Andreas van Creta, H. (ca. 660-740): Grieks bisschop en hymnendichter, auteur van de Grote Canon (te vinden in het *Vastentriodion*).

Antoni (Khrapovitsky), Metropoliet van Kiev (1863-1936): Russisch theoloog, eerste primaat van de Russisch Orthodoxe Kerk in ballingschap (Synodale Kerk). Auteur van *Confession. A series of Lectures on the Mystery of Repentance* (Jordanville, N.Y., 1975).

Antonius van Egypte, H. (ca. 251-356): heremiet en grondlegger van het monnikenwezen; *Life* door de H. Athanasius, vert. R.C. Greeg (The Classics of Western Spirituality, N.Y., 1980); *Antoine le grand, Père des Moines* door P. Benoit Lavaud, o.p., (Librairie de l'Université,

Fribourg, 1943); *Antoine le Grand, Pères des Moines,* door Noëlla Devilliers (Abbaye de Bellefontaine, 1971); *Saint Antoine, Lettres* door A. Louf (Abbaye de Bellefontaine, 1976); *Leven-Getuigenis-Brieven van de heilige Antonius* (Bonheiden, 198 1).

Aphrahat (begin 4de eeuw): de eerste Syrische vader.

Apophthegmata patrum, Uitspraken van de Woestijnvaders of Vaderspreuken: Geschiedenis en uitspraken van monniken uit de vroege monastieke periode, vooral uit Egypte (4de-5de eeuw). Vert. door Sister Benedicta Ward: *The Sayings of the Desert Fathers: The Alphabetical Collection* (London, 1975); *The Wisdom of the Desert Fathers: Apophthegmata Patrum (The Anonymous Series)* Fairacres Publication 48, (Oxford, 1975); *Les Sentences des Pères du Désert* (verschillende volumina; Abbaye Saint-Pierre de Solesmes, Sarthe); *Vaderspreuken Z en Z Z : Gerontikon; Vaderspreuken 1 1 1 en IV: Anonyma; Vaderspreuken V: Aanvullende spreuken* (Bonheiden - 1978 en vlg.).

Athanasius van Alexandrië, H. (ca. 296-373): Griekse vader, bestrijder van het Arianisme. Zijn meest bekende werk is *On the Incarnation,* vert. R.W. Thomson (Oxford, 1971); zie ook: *Kerkvaders,* derde jaargang, deel 3: *Athanasius* (Bonheiden - in voorbereiding).

Augustinus, H. (354-430): bisschop van Hippo, Latijnse vader, auteur van de *Belijdenissen.*

Barsanuphius, H. (begin 6de eeuw): monnik uit Gaza; kluizenaar en spirituele vader. Uittreksels van zijn brieven in D.J. Chitty, *The Desert a City* (London, 1966).

Basilius de Grote, H. (ca. 330-379): aartsbisschop van Caesarea, Griekse vader, een van de drie «Grote

Hiërarchen», broeder van de H. Gregorius van Nyssa. Zie W.K. Lowther Clarke, *The Ascetic Works of Saint Basil* (London, 1925); D. Amand, *L'ascèse monastique de Saint Basile* (Maredsous, 1949); L. Lèbe, *Saint Basile, Les règles morales et portrait du chrétien* (Maredsous, 1969); *Kerkvaders*, derde jaargang, deel 4: *Basilius de Grote* (Bonheiden - in voorberiding).

Beausobre, Julia de (Lady Namier) (1893-1977): Russisch auteur o.m. van *The Woman who could not Die* (London, 1938) en *Creative Suffering* (London, 1940).

Berdjajev Nikolaj (1874-1948): Russisch godsdienstfilosoof, auteur van *The destiny of Man* (London, 1937); *The Meaning of the Creative Act* (London, 1955) etc.; *Berdiaff* (Paris, 1963); zie ook *Nikolas Berdjajew, een inleiding tot zijn denken* (Lannoo, Tielt-Den Haag, 1964).

Bulgakov, Aartspriester Serge (1871-1944), Russisch theoloog, dekaan van het Orthodox Theologisch Instituut St Serge te Parijs, auteur van *The Orthodox Church* (London, Florida, 1935). Zie J. Pain en N. Zernov, *A Bulgakov Anthology* (London, 1976); *Le Paraclet* (Aubier, Paris, 1946); *L'Orthodoxie*, vertaald uit het Russisch door C. Andronikof (Lausanne, 1980).

Clemens van Alexandrië, H. (ca. 150-215): Griekse vader. Auteur van *Exhortation to the Greeks*, vert. G.W. Butterworth (The Loeb Classical Library, Cambridge, Mass., 1919); zie ook: *Kerkvaders*, tweede jaargang, deel 7: *Clemens van Alexandrië* (Bonheiden, 1978).

Clément, Olivier («1921): Frans Orthodox schrijver en theoloog; auteur van *Questions sur l'homme* (Paris, 1972); *L'esprit de Soljénitsyne* (Paris, 1974); *L'autre Soleil* (Paris, 1975); *Le Visage intérieur* (Paris, 1978); *La Revolte de l'Esprit*

(Paris, 1979).

Colliander, Tito (°1904), lid van de Orthodoxe Kerk van Finland, schrijver en leraar, auteur van *The Way of the Ascetics* (London, 1960); *Le Chemin des Ascètes* (Abbaye de Bellefontaine, 1973); *De Weg der Asceten* (Monastieke Cahiers no 8, Bonheiden, 1978).

Cyrillus van Alexandrië, H. (overleed 444): Griekse vader, bekend om zijn verering van de Maagd Maria die hij de naam gaf van "Theotokos".

Cyrillus van Jeruzalem, H. (ca. 315-386): Griekse vader, auteur van *Lectures on the Christian Sacraments*, vert. F.L. Cross (London, 1951; St Vladimir's Seminary Press, New York, 1977).

Diadochus van Photicea, H. (midden 5de eeuw): Griekse spirituele schrijver. Zijn voornaamste werk verscheen in *The Philokalia*, vert. G.E.H. Palmer, P. Sherrard en K. Ware, vol. I (London, 1979).

Dimitri van Rostov, H. (1651-1709): Russisch bisschop, zeer bekend als prediker en schrijver.

Dionysius de Areopagiet, H. (ca. 500): Grieks mystiek theoloog; auteur van *The Divine Names* en *The Mystical Theology*, vert. C.E. Rolt (London, 1920); *Mystische Theologie und andere Schriften* (München, 1956).

Dostojevski, Fjodor (1821-1881): Russisch romanschrijver. De figuur van de *starets Zosima* in de roman *De Gebroeders Karamazov*, is ten dele geïnspireerd door de H. Tikhon van Zadonsk en door V. Ambrosi van Optino.

Elchaninov, Aartspriester Alexander (1881-1934): priester van de Russische emigranten in Frankrijk, auteur van *The Diary of a Russian priest* (London, 1967); *Ecrits spirituels* (Abbaye de Bellefontaine, 1979).

Ephraïm de Syriër, H. (ca. 306-373): Syrische vader. Een selectie van zijn hymnen vindt men in S. Brock, *The Harp of the Spirit* (Fellowship of St Alban and St Sergius, London, 1979).

Eriugena, John Scotus (ca. 810-877): Iers geleerde en filosoof.

Evagrius van Pontus (346-399): monnik te Skêtis in Egypte, ascetisch en mystiek schrijver. Zijn *153 Texts on Prayer* zijn opgenomen in *The Philokalia*, vol. *I* (London, 1979); zie ook Chr. Wagenaar *Praktikos of the Monnik* en *Krachtlijnen van het monniksleven* (uit de Philokalia) (Bonheiden, 1975 resp. 1976).

Evdokimov, Paul (1901-1970): Russisch leek theoloog, professor aan het Orthodox Theologisch Instituut St Serge te Parijs; auteur van *Les Ages de la Vie Spiri-tuelle* (Paris, 1964); *L'Orthodoxie* (Paris, 1965); *Sacrement de l'Amour* (Paris, 1977); *La Femme et le Salut du Monde* (Paris, 1978); *De Vrouw en het Heil der Wereld* (Rotterdam, 1962); *The Struggle with God* (Paulist Press, N.Y., 1966).

Feofan de Kluizenaar, Bisschop (1815-1894): Russisch spiritueel schrijver. *Unseen Warfare*, vert. E. Kadloubovsky en G.E.H. Palmer (London, 1952); uittreksels van zijn brieven in Igumen Chariton, *The Art of Prayer: An Orthodox Anthology*, vert. E. Kadloubovsky en G.E.H. Palmer (London, 1966); Franse vert. *L'Art de la Prière* (Bellefontaine, 1976); zie ook in *La Paternité spirituelle en Russie aux XVIIIème et XIXème siècles*, Vladimir Lossky et Nicolas Arseniev (Abbaye de Bellefontaine, 1977).

Filaret (Drozdov), Metropoliet van Moskou (1782-1867): de meest vooraanstaande Russische hiërarch uit de 19de eeuw; prediker en theoloog. Zie *Select Sermons by the late Metropolitan of Moscow, Philaret,* anonieme vertaling (London, 1873).

Florovsky, Aartspriester Georges (1893-1979): theoloog van de Russische emigratie. Vijf volumes van zijn *Collected Works* verschenen tot nog toe (Nordland Publishing Company, Belmont, Mass., 1972-1979).

Gregorius de Theoloog, H. (329-389): in het Westen meestal bekend als «Gregorius van Nazianze», een van de drie «Grote Hiërarchen». Zijn zeer geprezen *Theological Orations,* vert. in Nicene and Post-Nicene Fathers, tweede reeks vol. VII (Oxford, 1894).

Gregorius van Nyssa, H, (ca. 330-395): Griekse vader. Uittreksels van zijn geschriften: *From Glory* to *Glory,* ed. J. Daniélou and H. Musurillo (London, 1962; St Vladimir's Press, New York, 1979); *The Life of Moses,* vert. door A.J. Malherbe en E. Ferguson (The Classics of Western Spirituality, N.Y., 1978); *La Colombe et la Ténèbre,* Textes choisis par Jean Daniélou (Paris, 1967); *Catéchèse de la foi* (Paris, 1978).

Gregorius van Palamas, H. (1296-1359): aartsbisschop van Thessalonica, Griekse vader, verdediger van de hesychastische gebedstraditie. Zie J. Meyendorff, *A Study of Gregory Palamas* (London, 1964;. St Vladimir's Seminary press, New York, 1974) en *St Gregory Palamas and Orthodox Spirituality* (St Vladimir's Seminary Press, New York, 1974); *St Grégoire Palamas et la mystique orthodoxe* (Paris, 1959).

Hermas (2de eeuw): auteur van *The Shepherd,* in J.B.

Lightfoot: *The Apostolic Fathers* (London, 1891); zie ook *Kerkvaders*, eerste jaargang, deel 3: *De Herder van Hermas* (Bonheiden, 1976).

Hêsaias van Skêtis, H. (+ 489): Grieks monnik, eerst in Egypte en later in Palestina. Uittreksels van zijn geschriften in *The Philokalia*, vol. I (London, 1979).

Ignati (Brjantsjaninov), Bisschop (1807-1867): Russisch spiritueel schrijver, auteur van *On the Prayer of Jesus* (London, 1952) en *The Arena* (Madras, 1970), beide vertaald door Archimandriet Lazarus (Moore).

Ioannikos, H. (ca. 754-846): Grieks asceet, monnik op de Olympusberg in Klein-Azië, bestrijder van de Iconoklasten.

Ireneus van Lyon, H. (ca. 130-200): Griekse vader, afkomstig van Klein-Azië; kende de H. Polycarpus van Smyrna; later bisschop van Lyon. Naast een uitvoerig werk *Against the Heresies*, schreef hij een kort *Demonstration of the Apostolic preaching*, vert. J.A. Robinson (London, 1920); *Contre les Hérésies en Démonstration de la prédication Apostolique* (beide in Sources Chrétiennes); zie ook *Kerkvaders*, tweede jaargang, deel 6, *Ireneus van Lyon* (Bonheiden, **1977).**

Isaac de Syriër, H. (einde 7de eeuw): bisschop van Niniveh, Syrische vader. Zijn *Mystic Treatises* zijn vertaald door A.J. Wensinck (Amsterdam, 1923); *Oeuvres spirituelles*, DDB, (Paris, 1981).

Johannes Chrysostomos, H. (ca. 347-407): aartsbisschop van Constantinopel, Griekse vader, een van de drie «Grote Hiërachen». Zijn bekendste geschrift is *On the Priesthood*, vert. G. Neville (London, 1964; St Vladimir's Seminary Press, New York, 1977).

Johannes Climacus, H. (ca. 579-649): ook bekend als «Johannes van de ladder»; Griekse geestelijk schrijver, abt van het Sinaïklooster, auteur van *The Ladder of Divine Ascent,* vert. Archimandriet Lazarus Moore (London, 1959); *L'Echelle Sainte,* vert. Pl. Deseille (Abbaye de Bellefontaine, 1978).

Johannes Van Damascus, H. (ca. 675-749): Griekse vader, hymnendichter, bestrijder van de Iconoclasten. Auteur van *The Exact Description of the Orthodox Faith,* vert. in Micene and post-Micene Fathers, second series, vol. IX (Oxford, 1899); *On the Divine Images,* vert. door D. Anderson (St Vladimir's Seminary Press, N.Y., 1980); *Johannes de Damascener tegen hen die de heilige Iconen smaden,* vert. F. Van Der Meer en G. Bartelink (Het Spectrum, Utrecht-Antwerpen, 1968).

Johannes Van Kronstadt, H. (1829-1908): Russisch gehuwd parochiepriester. Zie W. Jardine Grisbrooke (ed.), *Spiritual Counsels of Father John of Kronstadt* (London, 1967); *Ma vie en Christ* (Abbaye de Bellefontaine, 1979).

Kallistos Kataphygiotis (ca. 14de eeuw): Griekse spirituele schrijver.

Khomiakov, Aleksej (1804-1860): Russisch leek theoloog, leider van de Slavofiele beweging. Voor zijn essay *The Church is one* en sommige van zijn brieven, zie W.J. Birkbeck (ed.), *Russia and the English Church* (London, 1895). Zie ook A. Schmemann (ed.), *Ultimate Questions* (London/Oxford, 1977; St Vladimir's Seminary Press, New York, 1977); *L'Eglise est une* in A. Gratieux: *Le mouvement slavophile à la veille de la Révolution, Dimitri A. Khomiakov,* Ed. Cerf (Paris, 1953).

Leontius van Cyprus, H. (6de-7de eeuw): Griekse vader,

verdediger van de heilige Iconen.

Lossky, Vladimir (1903-1958): Russische leek theoloog; werkte te Parijs. Auteur van *The Mystical Theology of the Eastern Church* (London, 1957; St Vladimir's Seminary Press, New York, 1957); *The Vision of God* (London, 1963); *In the Image and Likeness of God* (London/Oxford, 1975); *Théologie mystique de l'Eglise d'Orient* (Paris, 1944); *La Vision de Dieu* (Neuchatel, 1962); *A l'Image et la Ressemblance de Dieu* (Paris, 1967); *Theologie négative et Connaissance de Dieu chez Maître Eckhart* (Paris, 1973); zie verder *Eckhart, Meister*.

Macarius van Egypte, H. (ca. 300-390): monnik te Skêtis. De in het Grieks gestelde Homilieën, traditioneel aan hem toegeschreven, worden nu beschouwd als zijnde waarschijnlijk geschreven in Syrië en wel eind 4de of begin 5de eeuw. Vert. door A.J. Mason: *Fifty Spiritual Homelies of St Macarius the Egyptian* (London, 1921); *Homilie 3 en 18* (Bonheiden 1972, 1973).

Makari van Optino (1788-1860): Russische starets. Uittreksels van zijn werken in I. de Beausobre (ed.): *Russian Letters of Direction* (London, 1944; St Vladimir's Seminary Press, New York, 1975). Zie ook S. Bolshakoff, *Russian Mystics* (Kalamazoo/London, 1977).

Maria of Normanby, Mother (1912-1977) (in de wereld Lydia Gysi): Orthodoxe moniale van Zwitsers-Duitse oorsprong; stichtte het Monastery of the Assumption, Normanby, Yorkshire; auteur van *The Hidden Treasure: An Orthodox Search* en *The Jesus Prayer* (beide Normanby, 1972).

Maria van Parijs, Moeder (1891-1945) (in de wereld Elisaveta Skobtsova): Russische, eerst gehuwd, werd later moniale; wijdde haar later leven aan sociaal werk in Frankrijk; stierf in het nazi concentratiekamp te Ravensbrück. Over haar leven, zie S. Hackel, *One of great Price* (London, 1965); *Een Russische vrouw* (Apostel Andreas, Gent, 1979).

Marcus de Monnik, H. (begin 5de eeuw): Grieks ascetisch schrijver. Sommige van zijn werken zijn opgenomen in *The Philokalia,* vol. *I* (London, 1979); *Marcus de Kluizenaar, drie monastieke werken* (Monastieke Cahiers no 2, Bonheiden, 1976).

Maximus de Belijder, H. (begin 5de eeuw): Griekse vader. Vert. van zijn *Centuries of Love* en *Ascetic Book* door P. Sherwood (Ancient Christian Writers, vol. XXI; Washington, 1955). Uittreksels van zijn geschriften in *The Philokalia,* vol. II (London, 1981); *Saint Maxime le Confesseur,* vert. Ast. Argyriou, Coll. Les Ecrits des Saints, Ed. Soleil Levant (Namur, 1964).

Meneon der feesten: Orthodox liturgisch boek dat de teksten bevat van Kerstmis, Theofanie en de andere vaste feestdagen van de kerkelijke jaarkalender. *The Festal Menaion* (London, 1969); *Meneon I, II , III en IV,* uitgegeven door het klooster van Sint Jan de Doper in den Haag. Zie ook verder *Vastentriodion.*

Nazari van Valaamo (1735-1809): starets, igumen van het Monasterium Valaamo in Finland.

Nicolas Cabasilas (ca. 1322-1396): Byzantijns leek theoloog, auteur van *The Life in Christ,* vert. C.J. de Catanzaro (St Vladimir's Seminary Press, New York, 1974), en *A Commentary on the Divine Liturgy,* vert. J.M. Hussey en P.A. Mc Nulty (London, 1960, 1978); *Explication de la Divine Liturgie* (Sources Chrétiennes, no 4bis, Paris, 1967).

Nilus van Ancyra, H. (begin 5de eeuw): wordt ook ten onrechte "Nilus van de Sinaï" genoemd; Griekse ascetische schrijver. Zijn *Ascetic Discourse* verscheen in *The*

Philokalia, vol. *I* (London, 1979).

Origenes (ca. 185-254): Griekse vader, die vooral te Alexandrië werkte; schreef *An Exhortation to Martyrdom and Prayer*, vert. door R.W. Greer (The Classics of Western Spirituality, New York, 1979); zie ook *Kerkvaders*, tweede en derde jaargang: *Origenes I, II en III* (Bonheiden 1979, 1980); *Aanmoediging tot het Martelaarschap* (Bonheiden, 1980).

Polycarpus, H. (ca. 69-155): bisschop van Smyrna, martelaar; kende in zijn jeugd de H. Johannes de Evangelist. Voor *Martyrdom of Polycarp*, zie M. Staniforth (vert.), *Early Christian Writings* (Penguin Classics, Harrnondsworth, 1968); *Polycarpus van Smyrna. Brief en Martelaarsakte*, in no 2, Kerkvaderteksten met commentaar (Bonheiden, 1981).

Romanos Melodos, H. (begin 6de eeuw): geboren in Syrië, auteur van talrijke hymnen in het Grieks. Vert. door M. Carpentier, *Kontakia of Romanos, Byzantine Melodist*, 2 vol. (Columbia, 1970 - 3).

Rozanov, Vasili (1856-1919): Russisch godsdienstfilosoof; auteur van *Solitaria* (London, 1927).

Russische Pelgrim: Het verhaal van een Russische Pelgrim (Lannoo, 1973); *De ware verhalen van een Russische Pelgrim* (Gottmer, 1977); *De openhartige verhalen van een Russische Pelgrim* (Patrnos, 1978). Anoniem autobiografisch werk, daterend uit het midden van de 19de eeuw; verhaalt de tocht van een Russische pelgrim, die op ononderbroken wijze het Jezusgebed bidt.

Schmemann, Aartspriester Alexander (1921-1983): theoloog van de Russische emigratie, dekaan van St Vladimir's

Orthodox Seminary te New York; auteur van *Great Lent* (1969), published by St Vladimir's Serninary Press; *For the Life of the World; Sacraments and Orthodoxy* (New York, 1973); *Of Water and the Spirit* (New York, 1974); *Pour la Vie du Monde* (Desclée et Cie, Paris, 1969); *Le Grand Carême* (Abbaye de Bellefontaine, 1974); *De Grote Vasten* (Parochie H. Transfiguratie - Groningen - ongedateerd).

Serafim van Sarov, H. (1759-1833): Russisch monnik en *starets;* de meest vooraanstaande van de moderne Russische heiligen. Wat betreft zijn leven, zie I. de Beausobre, *Flame in the Snow* (London, 1945), en V. Zander, *St Seraphim of Sarov* (London, 1975); Zijn *"Conversation with Nicolas Motovilov"* is verschenen in G.P. Fedotov, *A Treasury of Russian Spirituality* (London, 1945); *Seraphim de Sarov*, vert. I. Gorainoff (Abbaye de Bellefontaine, 1976); *Serafim van Sarov* (Bonheiden, 1977).

Sergej van Radonezh, H. (ca. 1314-1392): de grootste nationale heilige van Rusland; stichter en igumen van het klooster van de Drie-eenheid, Zagorsk. Wat betreft zijn leven, zie N. Zernov, *St Sergius - Builder of Russia* (London, ongedateerd: 1939(?), en P. Kovalevsky, *St Sergius and Russian Spiriyuality* (St Vladimir's Seminary Press, New York, 1976); *Saint Serge et la Spiritualité russe* (Paris, 1958).

Sherrard, Philip (geboren 1922): Orthodox leek theoloog, woont in Griekenland; auteur van *The Greek East ant the Latin West* (London, 1959); *Chrìstianity and Eros* (London, 1976); *Church, Papacy and Schism* (London, 1978).

Staniloae, V. Dumitru (geboren 1903): Roemeens theoloog, uitgever van de Roemeense vertaling van de *Philokalia* in 8 volumina. Auteur van *Theology and Church,* vert. door R. Barringer (St Vladimir's Seminary press, New York, 1980); *Dieu est Amour* (Genève, 1980); *Prière de Jésus et Expérience du Saint-Esprit* (DDB, Paris, 1981). Een Dogmatiek in drie delen verscheen in het Roemeens, wordt thans in het Frans vertaald.

Symeon de Nieuwe Theoloog, H. (949-1022): Grieks ascetisch en mystiek schrijver. Vert. van zijn *Hymns of Divine Love* door C.A. Maloney (Dimension Books, Denville, New Yersey, ongedateerd); zie ook Maloney, *The Mystic of Fire and Light* (zelfde uitgeverij, 1975); Engelse vert. van zijn *Discourses* door C.J. de Catanzaro (The Classics of Western Spirituality, New York, 1980); zie verschillende volumina in de reeks Sources Chrétiennes; *Katechesen* (Bonheiden, 197 1).

Synesius van Cyrene (ca. *370-414):* bisschop van Ptolemaïs, Griekse vader.

Theoklitos van Dionysiou, V.: hedendaags Grieks monnik op de Athos; auteur van boeken over het monnikenleven en het gebed.

Theophilus van Antiochië (einde 2de eeuw): Grieks theoloog, een van de "Apologeten". Auteur van *Apology to Autolycus,* vert. R.M. Grant (Oxford, 1970).

Tikhon van Zadonsk, H. (1724-1783): bisschop van Voronezh, Russisch spiritueel schrijver en prediker. Zie N. Gorodetsky, *Saint Tikhon Zadonsky* (London, 1951).

Vastentriodion, Het: Orthodox Liturgisch boek, dat gebruikt wordt gedurende de tien weken voor Pasen. *Triodion I en II,* uitgegeven door het klooster van Sint Jan de Doper in Den Haag.

Vladimir Monomach, Prins van Kiev (1053-1125): Russisch heerser.

Zachari, V. (1850-1936): starets in het klooster van de H.

Drie-eenheid van de H. Sergej, Zagorsk, Rusland. Betreffende zijn leven zie: *An early Soviet Saint,* vert. Jane Ellis (London/Oxford, 1976).

(II) NIET-ORTHODOX

Boehme, Jacob (1575-1624); Duits luthers mystiek schrijver, auteur van *The Way to Christ*, vert. Peter Erb (The Classics of Western Spirituality, New York, 1978).

Book of the Poor in Spirit, The: Duits mystiek werk uit de 14de eeuw; vert. C.F. Kelley (London, 1954).

Cloud of Unknowing, The: Engels mystiek werk uit de 14de eeuw, sterk beïnvloed door de H. Dionysius de Areopagiet. Zie W. Johnston, *The mysticism of the Cloud of Unknowing. A Modern Interpretation* (N.Y. 1967); *De Wolk van Niet-weten* (Nijmegen, 1974).

Eckhart, Meister (ca. 1260-1327): Duits dominicaan; mystiek schrijver. *Les Traités de Maître Eckhart* (Paris, 1971); *Maître Eckhart et la mystique rhénane* (Paris, 1956); *Sermons I, II, III,* (Paris, 1974, 1978, 1979).

Julian of Norwich, The Lady (ca, 1342-1413): Engels mystiek schrijver, auteur van *Showings or Revelations of Divine Love*, ed. by E. Colledge and J. Walsh (The Classics of Western Spirituality, N.Y. 1978); *Une Révélation de l'Amour de Dieu* (Abbaye de Bellefontaine, 1977).

Law, William (1686-1761): Anglican Nonjuror en spiritueel schrijver. Zie *Selected Mystical Writings of William Law*, ed. S. Hobhouse (London, 1938).

Lewis, C.S. (1898-1963): Anglicaan, auteur van *The Problem of Pain* (London, 1940).

Merton, Thomas (1915-1968): Rooms-Katholiek cisterciënser in de VS, schreef o.m. *The Sign of Jonas* (London, 1953); *Conjectures of a Guilty Bystander* (Image Books, New York, 1968). Talrijke werken zijn in het Frans en in het

Nederlands vertaald.

New Clairvaux, Monnik van: auteur van *Don't You belong to Me?* (Paulist Press, N.Y., 1979).

Newman, John Henry Cardinal (1801-1890): leider van de "Anglican Tractarians"; werd Rooms-Katholiek in 1845; auteur van *The Arians in the Fourth Century* (1833) en van andere werken over de Vaders.

Suso, Heinrich (ca. 1295-1366): Duits dominicaan en mystiek schrijver. Zie *The Life of Blessed Henry Suso by himself,* vert. T.F. Knox (London, 1913); *Henri Suso, Oeuvres complètes* (Paris, 1977).

Thompson, Francis (1859-1907): Rooms-Katholiek dichter.

Traherne, Thomas (ca. 1636-1674): Engels mystiek dichter en spiritueel schrijver; auteur van *Centuries of Medidations.*

Tyrrell, George (1 861 -1 909): Rooms-Katholiek schrijver.

www.orthodoxlogos.com

www.ingramcontent.com/pod-product-compliance
Lightning Source LLC
LaVergne TN
LVHW041928070526
838199LV00051BA/2749